JN057290

グローカルな社会・時代における算数数学教育

編著者

馬場 卓也 *Takuya BABA*

内田 豊海 *Toyomi UCHIDA*

中和 渚 *Nagisa NAKAWA*

福田 博人 *Hiroto FUKUDA*

服部 裕一郎 *Yuichiro HATTORI*

学術研究出版

目　次

序 章

第1節　グローバル（Global）とグローバル化（Globalization）

　本書のテーマは「グローバル化の時代における数学教育を、学校教育およびその取り巻く環境の中で実際に起きていることから再検討すること」である。ここでは「グローバル化」と「数学教育」という語が出てくる。グローバル化は世界中に広がっている状態・変化を指し、ある意味での普遍性を意味する。そして数学は最も普遍的な学問と言われる。したがって両者はシノニム（類義語）のように当然結びついていると思える。しかしそこに教育が介在することで、単なる普遍性を希求するのではない、教育ならではの子どもの成長過程に寄り添う必要性が見えてくる。例えば21世紀スキルとして提示された今日的な能力観では、論理的な思考、創造的な思考など、数学教育の果たす役割は大きい。その一方、市民が暮らすという意味での各地域は、都市圏であっても地方都市、町村、へき地であっても、それぞれの事情を抱えており、その事情に応じた数学教育は必ずしも普遍的とは限らないはずである。本書では、「グローバル化」という言葉を一方向的、一面的に見るのではなく、実際に起きていることからその言葉が含意する多様性を取り上げるものである。その上で、それら多様性の下に底流する考えも取り上げたい。

　グローバル化という言葉が使われるようになって久しい。もはやそのことが当たり前のようになりつつあった。ところが新型コロナ感染症が突然世界中に広がり、2020年3、4月ごろを境に、世界が全く異なる様相を見せるようになった。この書籍を構想したのは、そのような事態が起き始めたころである。当たり前であったことが、当たり前でなくなったことは、重要な契機である。

　グローバル（Global）はそのもとの意味に戻ると、地球（Globe）から派生した語である。全地球的あるいは全球的という表現もされ、グローバル化（Globalization）はそのようになるという方向性を指している。もちろん人

類の歴史の中では、地球は元から存在するため、その語は地球が物理的に変化することではなく、地球に生きる私たちの生活や考え方が変化することを示している。

　この変化について考えたい。単に国境を越えること、つながるということであれば、500年以上前にマゼラン（Magellan）は世界を結ぶ航路を開拓した。否、さらにはるか昔に、私たちの先祖はグレートジャーニーと呼ばれる大移動の結果、世界中に広がったと言われている。つまりわざわざ今の段階でグローバル化と呼ばなくても全地球的な広がりはあったのである。したがって現在のグローバル化が示す私たちの変化は、単に移動すること以上のものを示しているはずである。つまり人、物、情報が、交通、物流、インターネットなどを介して全地球的に大量に、短時間で往来していることである。したがって物理的な距離は変わりないが、時間的距離（樋口・桑山, 2011）が短くなったとでも言えばよいだろうか。加えて、頻繁に往来することは、制度や考え方といった社会的距離をも確実に縮小した。例えばグローバル企業が世界中に展開することで、地球上のどこにいても同じようなサービスを受けることができるようになったことを指している。それらすべての変化を当たり前のように享受して、ある部分では文化間の距離さえ縮小してきたといえるだろう。以上から、「グローバル化」は経済的、社会的、文化的な現象であり、交通、物流、情報網に関わる高度な技術が人、物、情報が大量に、即時的あるいは同時的に、国境を越えてつながることを可能にし、このような距離を縮め、結果として私たちの生活や考え方はそれに即したものとなるように変化してきたことを示している。

　しかしこのようにグローバル化が進むにつれて、それに反発する動きも目立ってきている。1999年米国で世界貿易機構（WTO）の国際会議が行われた際に起きた市民による反対運動は象徴的であった。このような反グローバリズムの運動は経済のグローバル化に抗するものである。また近年の米国の自国第一主義、英国のEUからの脱退など、ポピュリスト的な動きもこれに連なっている。

　そのような中で、本書で注目するのは、1980年代日本企業がグローバ

ルな展開とローカルな現地事情の融合をさして、グ・ロ・ー・カ・ル・化と造語した
ことである。ここでは、全球的に普遍化、共通化を意味するグローバル化
（Globalization）と現地化、土着化を意味するローカル化（Localization）を
組み合わせてグ・ロ・ー・カ・ル・化（Glocalization）としている。その後、イギリス
の社会学者ロバートソン（Robertson）は、「グローバリゼーションが、本質
的かつ内在的に個別主義を推進するという見方、したがって、グローバル
に多様性を推進するという見方」（1997, p.5）を提案し、グ・ロ・ー・カ・ル・化を
関連付けている。確かに、ローカルだけであれば取り上げる必要もなく、
グローバル化の中にあって初めて、ローカルとグローバルの関係性が際
立ってくる。つまりグローバル化は一方向ではなく、反作用のようにもう
一方が生起し、その中でグローバルとローカルの関係が問われる事態を擁
している。

第2節　グローバル化と数学教育

　第1節ではグローバル化について説明してきた。それは国境を越えた
り、つながったりすること、そしてそのことは距離の概念に関連すること
を述べてきた。もちろん物理的な距離は平面上で2点間の長さを測ればよ
いが、地球という球体上では2点を結ぶ大円上の距離となる。また車を実
際に運転するときカーナビが示す距離は、道路に沿った距離である。それ
に対して、時間的距離は二点を移動するためにかかる時間である。もちろ
ん通る道、通る時間帯、運転の仕方などによって異なるだろうが、データ
さえあれば平均的な所要時間を算出することは可能である。その他にも、
様々な距離概念が提案、研究されている。ここでは、このような距離の概
念が、数学を用いて定式化されるということを指摘しておきたい。第2節
ではグローバル化が進んだ現代社会と数学教育の関係についてみたい。
　上述のように、現代社会では様々な事象が数学によって表現される。こ
のようなことは数学的モデル化（池田, 1999）と呼ばれている。センサー、
コンピューター、インターネットなどのICT技術の発達は、事象を瞬時に
量的にあらわし、それを計算し、伝達することを可能にした。しかしその

背景には数学的モデルが必要であることを忘れてはならない。つまり現代社会は数学的モデルと ICT 技術によって様々なことを可能にした。上記の様々な距離を例に挙げると、両者はそれらの概念を生み、さらに短くすることを可能にした。

　このような特徴を有する現代社会において求められる能力をグローバルコンピテンスや 21 世紀スキルなどと呼んでいる。主要地域・国におけるこのような能力を調査した勝野（2013）は、各地域・国で求める能力は、名称が異なっていても、大きく三つ―基礎的なリテラシー、認知スキル、社会スキル―から成り立っている、ことを指摘している。数学は、その中で普遍的な言語を提供し、認知活動を支える重要な役割を果たすと考えられる。もちろん高度に発達した数学のすべてを理解することは、一般市民には到底無理であると同時に、専門家でも専門外のことを正確に理解することは難しいだろう。このような事態を「数学化された社会と脱数学化された市民」（Keitel, 1997）と呼んだ。一方で現代社会は確実に数学によって支えられている。他方で高度化していく現代社会はそこで使われる数学自身とその使われ方をますます高度にして、一般市民には遠い存在となっていく。したがってグローバルコンピテンスとして求められるのは、詳細な数学の計算ではなく、主要な事象における数学的な原理を理解し使えることであり、それは市民の重要な役割を支える。事実、OECD-PISA では数学的リテラシーを「種々の文脈で数学を定式化し、活用し、解釈する能力で、そのことは数学的に推論すること、現象を説明し予測するために、数学的概念、手続き、事実、道具を用いることを内包している。数学が世界で果たす役割を見つけること、建設的で、責任を持ち、思慮深い市民として必要な確実な根拠にもとづき判断や決断を行うことを支援する」（OECD, 2018）と規定している。

　上記の三つのスキルと関連して、市民の役割には基礎的なリテラシーとしての内容的な側面と、認知スキルとしての方法的な側面がある。ここで内容的な側面は、これまでに蓄積されてきた数学的知識全般を指す。上述のように現代社会では、情報をデータ化し、処理し、やり取りを行うことが重要であり、その基礎を支えるのが数学的知識である。そして方法的

側面は、このような数学的知識を生み出す方法に関連する。論理的思考や一般化などは個々の数学的知識ではなく、それらを横断した数学的な態度や方法論である。ここには思考力、学び方などが位置づいている。さらに三つ目の要素である社会スキルは協働する力や問題解決力が挙げられている。この三つ目の要素に関して、数学的コミュニケーション（金本, 2012）、社会的オープンエンドな問題（馬場, 2007）など新しい取り組みも近年なされている。

　ここまでグローバル化が進む現代社会における数学教育の役割について述べてきた。しかし第一節で見てきたようにそのような社会では、ローカル化が併進する。そこでは、もう一方のローカルはどのように位置付ければよいであろうか。先にグローバル化が急激に進行する中で、反グローバリズムの動きが起きてきたことを指摘した。その動きは、字が示すようにあくまでも反対するというものである。そしてその背景には、自分の知らないものに対する反感・反発、これまで行ってきたことを変更させられることに対する反感・反発などが含まれているだろう。しかし、より積極的にローカルの良さを検討できないか、あるいはグローカルとしてグローバルとローカルの双方を活かすことができないか、本書は、そのことを数学教育の中の新しい課題ととらえた。

　学校教育においては、学習の起点として生活経験、身体性が重要になってくるし、また学習の到達点として、地域社会、応用性が重要になってくる。前者は、幼児教育や初等教育という学習初期はもちろんのこと、各学年や単元の始まりも学習の起点となるだろう。数学概念は文脈に縛られない自由性を有している知識であり、それを可能にする数学的考え方は、まだ出会わない文脈に積極的に働きかけることを準備する。しかしそれらの自由性はともすれば、自由であるがゆえに、自分の中にしっかりと根を下したものとならず、ある一定の期間が過ぎると忘却される可能性を孕んでいる。つまり学習を自らの経験や枠組みにつなぎとめ、意味を形成し、そして同時に自由になる必要がある。

　そして後者は単元、学年、学校教育の終着点と関係している。また生涯学習の視点からは継続し続けるともいえる。したがってそれは終わる瞬間

のみではなく、始め方とも関連している。ここでは学校教育に注目し、学習した結果として身に付ける能力、上記の数学的リテラシーを考えたい。ピタゴラスの定理や二次方程式の解と係数の関係を忘却したとしても、数量的に、比例的に、論理的に考える能力は一生のものとして残ることを期待している。それが現実に、例えばスーパーで買い物をするとき、仕事で図を使って説明するとき、あるいは自分たちの社会の未来を考え、政策評価をするときに、役に立つ能力として身に付けることを期待する。以上のことは数学を学習することの意味であり、まさに文脈を越えると同時に文脈につながること、つまるグローバルそのものと関係している。それは、数学学習の本質と言える。特に、現行の学習指導要領（2018）では「社会に開かれた教育課程」がキーワードで、ローカルな社会の役割が重視されている。今後ますます発展するだろう電脳空間は痛みや共感といったものが希薄になる危険性を有している。しかし学校教育では物理的に生きる社会を感じ、その中で社会性と人間性を獲得する機会を提供することが最も重要なこととなる。

　ここまで見てきたようにグローバルとローカルを関連付ける視点が必要である。数学は普遍的な知識を追求してきた学問であるが、Global と Local を大域的と局所的と訳し、対象の全体を指すときに大域的、一部を指すとき局所的としている。しかし全体と見ていたものがより大きなものの一部になることもある。つまり両者の関係は確定的ではなく相対的と言える。このような数学を扱う数学教育は、現代社会、求められる能力、そしてそれを育てる教育において、数学を通してローカルとグローバルとを架橋することが求められる。

　本書でキーワードとなるものをまとめると、次のようなものが挙げられる。現象として、「距離」（地理的、時間的、社会的など）、「ICT 技術」などがあり、それらはグローバル化という現象と直接的にかかわっている。次に、グローバル化によって求められる「能力」である。それは三つの能力に代表されるグローバルなものと身近な「文脈」やその「多様性」である。それは単に ICT 技術を使えるだけではなく、科学の言語である数学、「数学的モデル」を用いて現象を表現したり、そのような技術によって起きている多

様な社会変化に応じたりすること含む。そして現象や能力の全体に対して基本的な考えとして「多様性」の重視がある。現在、国際社会が協働して取り組む持続可能な開発目標（SDGs）はまさに多様性を体現している。

第3節　本書の構成

　ここまで見てきたように、現在の数学教育では、グローバルとローカルを関連付けることが重要な課題となっていて、数学は内容と方法、社会スキルを通してその課題において重要な役割を果たすことを認めた。本書ではグローカルという新しい視点で、現在生じている現象を各執筆者の目でとらえることを重視した。したがって定義を先に規定することをせず、様々な事象から帰納的に、数学教育におけるグローバル化の現在位置、今後の課題を探ろうとした。

　将来を見据えながら、グローバルとローカルとを関連付けるために、次のような点を意識している。

(1) 教育の要素間の関係性

　数学教育事象を全体的に捉えようとするとき、数学（教材）、教師、子どもは最も基本的な要素である。したがってグローバルとローカルの関係性も各々でどのように表出するのか、さらにそれらの間の関係についても考察できる。国際調査では、これらを意図されたカリキュラム、実施されたカリキュラム、達成されたカリキュラムと呼んでいる。

(2) グローバルとローカルの関係性

　グローバルは地球と関連し、全球的と訳されることを最初に書いた。しかし歴史を拡大の営みと捉え、村－市町－地方－国－地域－世界と、より小さな単位からより大きな単位へと活動の範囲が広がってきたととらえることができる。例えば、江戸時代であれば村を中心に生活してきただろうし、明治時代になって急速に国の意識を発達させてきた。グローバルの原義を拡張する形になるが、隣接する単位の間では、グローバルとローカルの関係性が入れ子状態になっていることが見えてくる。

（3）グローカルでの相補的な関係性

　既述のように現代社会はグローバルコンピテンスを求めているが、そのことは、これまではローカルコンピテンスが存在したのか、あるいはグ・ロー・カ・ル・コンピテンスという両者を架橋するコンピテンスが必要なのではないかと考えが膨らむ。その時に、グローバルとローカルの共通点や相違点が浮かび上がってくるだろう。また ICT 技術において重要な役割を果たすビッグデータを考える時、スモールデータ（藤原, 2022）の存在も重要である。このように、これまで存在したが無意識であったことにも意識を向けて、相補的に捉えることが重要となる。

　上記の関係性を念頭に置きつつ、グローバルとローカルの関連付けから教育的な営みを論じたい。そのために (1) の教育要素に基づき、数学、子ども、教師を含む学習環境、制度で、章立てを構成することとした。ただし、キーワードに挙げたように多様性は通底するテーマである。

　　第一部　数学教育における数学の多様性・文化性
　　第二部　学習者の文化多様性
　　第三部　学習環境の多様性
　　第四部　教育政策と多様性

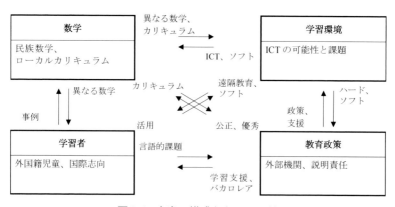

図0-1. 本書の構成とキーワード

これら四つの部の関係を見ると次のような図に表すことができる。四つの部の下にキーワードを示しているが、いずれの部から読み始めてもよい。しかしいくつかを読んだ後で、その相互関係もぜひ振り返ってもらいたい。公正で多様性に富む社会の実現は一つの取り組みだけでは不可能であり、様々な面が組み合わさることが重要になるからである。

　本書のもう一つの魅力は、全国に広がる執筆者で、それぞれの地域（ローカル）における興味深い取り組みをふんだんに取り入れている。それぞれの地域が置かれた状況を反映した内容で、そこには（3）で述べた共通点と相違点について考察する可能性を示している。そして、これら全体が、現代社会のグローカルな性質を幾分とも具現化しているといえるだろう。

　最後に、先述の反グローバリズムの動きを考えると国内のローカルだけではなく、海外との関係性も俎上に載せることが重要であろう。今回、2つの事例のみを取り上げている。ローカルカリキュラムの動きは、いくつかの国で進んでいる。日本における「社会に開かれた教育課程」との比較研究を行う可能性があるだろう。また大学による国際協力の取り組みも、多くの大学で行われつつある。これはグローバルをこれまでとは異なる形で考える契機を与えてくれている。今後の数学教育を考えるうえで、今回の試みは、新しい視点からの第一歩である。これが重要な取り組みに育っていくようにと願ってやまない。

引用・参考文献

池田敏和（1999）「数学的モデリングを促進する考え方に関する研究」『日本数学教育学会誌』81 (R7172)：3-18.

勝野頼彦 (2013)『社会の変化に対応する資質や能力を育成する教育課程編成の基本原理』国立教育政策研究所.

金本良通（2012）『数学的コミュニケーションを展開する授業構成原理の研究』広島大学博士論文.

佐藤一子・大安喜一・丸山英樹　編著（2022）『共生への学びを拓く―SDGsとグローカルな学び』エイデル研究所.

馬場卓也（2007）「多様な価値観を有する社会・時代における算数教育」『日本数学教育学会誌』89 (10)：20-27.

樋口収・桑山恵真（2011）「空間的距離感が説得メッセージの受容に及ぼす影響」『社会

心理学研究』26 (3) : 178-187.

藤原幸一（2022）『スモールデータ解析と機械学習』オーム社.

ヘルド, D.（高嶋正晴他訳）（2002）『グローバル化とは何か：文化・経済・政治』京都：法律文化社.

文部科学省（2018）『小学校学習指導要領（平成 29 年告示）』東洋館出版社.

ロバートソン, R.（阿部美哉翻訳）（1997）『グローバリゼーション　地球文化の社会論』東京大学出版会.

Keitel, C, (1997) "Perspective of Mathematics Education for 21st Century-Mathematics Curricula: For Whom and Whose Benefits?", 日本数学教育学会　基調講演.

OECD (2019) PISA 2018 Assessment and Analytical Framework, PISA, OECD Publishing, Paris. https://doi.org/10.1787/b25efab8-en

第 *1* 部

数学教育における
数学の多様性・文化性

第 1 部では、例えば 1 ＋ 1 は常に 2 になると考えられる場所や時間を超越した数学の普遍性とは異なって、各文化に見られる数学が持つ多様性・文化性、そしてその教育への応用について考察する。第 1 章では、D'Ambrosio（1985）によって、文化の中に見られる数学的活動を指す語として提案された「民族数学」を取り上げる。それまで普遍的と考えられていた数学が、各文化の中に存在すること、例えば、ブラジルのストリートチルドレンによる計算、アンゴラの砂絵、インカの結縄、日本の折り紙、和算などが、多くの研究者によって例示されていった。それと同時に、多様な民族数学には、活動の普遍性が存在することが指摘された（Bishop, 1988）。第 2 章では、日本の民族数学に当たる和算の問題を現代の教室で取り上げた事例について考察する。和算は江戸時代に独自の発展を遂げた。教室では中学生たちが現代の和算家として、関心をもって和算の問題を作ることに取り組み、和算の持つローカル性とそこに内在する数学的普遍性について学ぶ様子を考察している。第 3 章では、アフリカのモザンビーク国のローカルカリキュラムを取り上げている。モザンビークは民族数学研究（Gerdes, 1988 など）が盛んにおこなわれた場所で、2004 年に「ローカルカリキュラム」という教育課程を導入した。それは全教科に適用され、数学教育でもコミュニティや文化と関連した題材を取り入れた授業作りが模索されている。日本で導入された「社会に開かれた教育課程」とも対応して、数学の普遍性・多様性を扱う難しさと可能性を論じている。

　以上、第 1 章は民族数学という考え方の紹介、第 2 章は日本における民族数学の教材化の可能性、第 3 章はモザンビークにおける文化的視点からのカリキュラムの再構成について紹介する。

引用・参考文献

Bishop, A. J. (1988) *Mathematical enculturation. A cultural perspective on mathematics education.* Dordrecht: Kluwer Academic Publishers.

D'Ambrosio, U. (1985) "Ethnomathematics and its place in the history and pedagogy of mathematics", *For the learning of mathematics*, 5 (1) : 44–48.

Gerdes, P. (1988). "Culture, geometrical thinking and mathematics education", *Educational studies in mathematics*, 9 (2) : 137-161.

第1章

民族数学と西洋数学の間にある
グローカルな思考

馬場 卓也

概要

　数学は、場所や文脈によらず、どこであってもどんな場合でも同じように使えるので、最も普遍的な知識と言われる。それは、最初から普遍的であったわけではなく、最初は身近な生活の中で規則性を見出してきたものが、時間をかけて抽象化されて、普遍性を獲得していった。現在、学校で扱われる数学は近代西洋で体系化されてきたも

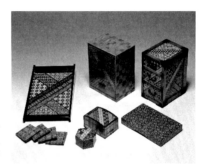

図1-1. 寄せ木細工（箱根町観光課）

のを指している。それに対して、本章ではブラジルの数学教育研究者ウビラタン・ダンブロシオ（Ubiratan D'Ambrosio）によって提案された民族数学（1984）を取り上げ、普遍的な知識である西洋数学と対照し、両者の類似点や相違点、その数学学習への応用について説明する。なお、民族数学は現在も生活の中に見られるもので、上の写真は箱根寄せ木細工である。これは江戸時代から引き継がれる自然の木目を利用した伝統工芸品である。それについて、次の問いに答えよう。

問い

1. 他にもこのような規則正しい模様がみられるか、身の回りを探してみよう。

2. 他の国にもこのような模様がみられるだろうか、その共通点や相違点は何だろうか。それを数学的な言葉で説明してみよう。

第1節　民族数学が生まれた背景

1.1　1960年代 —構造主義*の時代

　1957年旧ソ連邦が人類史上初めて、宇宙に人工衛星スプートニクを打ち上げた。そのことに危機感を抱いた西側諸国は数学教育の近代化に取り組むことになる。それが、ニューマスという数学カリキュラムの刷新運動であった (Howson et al., 1980)。その時導入されたのが、集合、統計などの20世紀に新しく登場した数学概念である。当時は、どのような子どもでも、どのような概念でも適切に配置すれば、学ぶことができると考えられていた。そこには学習者の個別性や、その困難性が注目される以前の状況があった。

> ＊構造主義は、出来上がった数学的知識に内在する構造を重視した考え方である。対照的に1.3にみられる構成主義は、子どもたちが活動を通して数学的知識を自ら構成することを重視した考え方である。前者は客観的で共通する知識を、後者は主観的で子どもによって異なる知識を重視している。

　この時代に異彩を放っているのが、民族数学の前史として取り上げられる報告書 (Gay and Cole, 1967) である＊。ニューマスが盛んに実施されていた米国からボランティア教師としてアフリカのリベリア国に赴任した若者が、経験したことについて報告、考察したものである。その中でリベリアの子どもは、15個の石であれば、雑然と置かれたものでも3×5で整然と並べられたものでも同じと見ているとした。つまり構造を重視したニューマスに対して、そのような見方をしないリベリアの子どもたちの間に差異があるということであった。

> ＊この報告書は、米国で解放された奴隷によって建国されたリベリアで活動した米国平和部隊の若者によるものである。この著者の一人コール (Cole) は、後年文化心理学という学問分野を創設することとなった。この時点で、文化と心理についての関心が表れているという意味でユニークなものとなっている。

1.2　1970年代 —基礎重視の時代

　導入して間もなくするとニューマスに関して批判的な報告が出始めた。Kline (1976) はその教育実態を描写した。それはニューマスの求める高等

な数学概念の重視という理想に対して、現実には簡単な計算能力が獲得できないことに対する批判であった。Erlwanger（1973）は、一見単純に見える数学教材において、子どもたちが誤った概念をどのように「学習したか」を示した。そこには後年、構成主義の議論につながっていく、子どもたちなりに学習する姿があった。また当時、非西洋諸国、特にアフリカにおける「異なる数学」の存在が示された（Zaslavsky, 1973）。この数学はいわゆる学問的な数学のように体系的に整理されていないが、部分的にせよ、規則正しさやパターンを見ることができた。しかしこの異なる数学への関心は、すぐに大きな動きになることはなかった。

1.3　1980 年代―構成主義への注目

　ニューマス以降、1970 年代は基礎を重視したのに対して、全米数学教師協議会は、1980 年の年会で「1980 年代は問題解決の時代である」と述べた。ここでの「問題解決」は子どもにとって基礎を超えた学習目的にかかわっている。また上述のアールワンガー（Erlwanger）などを契機とした数学学習の研究は、構成主義の大きなうねりとなっていった。子どもたちは教えられたそのままを習得するのではなく、自分たちなりに概念を組み立てていること、先行した知識・経験が新しい知識獲得に影響を与えていることなどがわかった。

　子どもの学習へ注目する一方で、非西洋諸国での「異なる数学」の指摘が、民族数学（D'Ambrosio, 1985）の提案に収れんをしていくこととなった。この時点で民族数学の数学教育への応用はまだ十分に議論されていなかった。

1.4　用語

　民族数学は、学校において前提としてきた数学そして数学教育の普遍性－どの国でも、どの子どもでも、同じ内容を学ぶ－に対して疑問を呈した。本章では、この前提に対して様々な国あるいは地域における数学教育の固有性や文脈性を議論する。その準備として、学習者、意味、文化、環境、文脈といった用語を関連付けて説明する。

【学習者】は、初中等教育を受けている子どもを指す。状況によっては、学齢期でも学校に行っていない子どももいるが、本章では学校での学びに注目する。先述の構成主義は、学習者の能動的役割、自分なりの学びを指摘した。

【意味】はよく用いられるが、それ自身について考えることは多くない。ここでは図形「三角形」を例に、意味の三角形（指示物－解釈項－記号）（オグデン＆リチャーズ, 2001）の考えを説明する。図1-2のように、紙上に書かれた図（指示物）と「三角形」という語や△という数学記号（記号）をつなぐのが解釈項である。例えば「三角形」と「三辺形」は同じ指示物を指すが、角あるいは辺に注目するという点で意味は微妙に異なっている。意味は文化的な影響も受けながら、学習者が活動の中で作り出すものである。したがって学習者によっては逆三角形（指示物）は三角形（記号）と結びつかない場合もある。

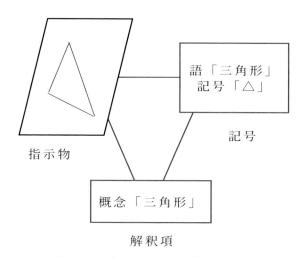

図1-2. 意味の三角形の例（著者作成）

【文脈】学習者が指示物と記号を結びつける解釈項（意味）を生み出す際に、前後関係の影響も受ける。この前後関係を文脈と呼んでいる。例えば英語で音楽の話をしている文脈では、「Triangle」は図形ではなく、楽器を指している。

【環境】は、学習者の周辺に広がる空間を指している。現在では電脳空間も含まれるが、本章では自然空間や社会空間を主として想定している。人間にとって自然空間は、生活の糧を得るために働きかける空間であり、天候や災害などでは働きかけられる空間でもある。

【文化】人間は環境に働きかけ、働きかけられる中で、集団としての知恵を生み出し、その集積として文化を形成してきた。文化は意味や文脈の前提であり、環境と人間の関係にかかわる知恵の累積である。

以上をまとめて関係性を表す（図1-3）。

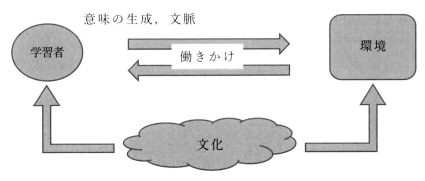

図1-3. 学習者と文化と環境（著者作成）

第2節　民族数学と西洋数学の区別

先述のように、数学教育では学習者の意味に関して議論がされてきた。そこで提起された「民族数学」という語は、各文化集団によって生み出されてきた数学的活動を指す。それは図1-3における働きかけの一つであり意味、文脈、文化とも深く関わっている。この節では民族数学と西洋数学の特徴について論じたい。ここで「西洋数学」はガリレオ（Galileo）やデカルト（Descartes）などによって17世紀ごろから飛躍的に発展を遂げた現在の数学に至る総体を指す。それは、日本が明治期に開国し積極的に取り入れた数学という意味も含んでいる。

2.1 活動目的

　人間はその環境に対して働きかける中で文化を生み出してきたことを考えると、民族数学はその意味で文化の一部である。生活の中で収穫物を数えたり測ったり、分配したりする必要があっただろう。また恵みをもたらすと共に、ときに猛威を振るう自然環境は、人間にとっては恐れや信仰の対象で、占星術のような民族数学も文化の重要な一部だったと思われる。ここで民族数学の目的は、生産、信仰、遊戯など生活における必要性である。

　しかし、西洋数学の目的は異なっている。近代のヨーロッパでは、ギリシアやアラブなどから移入した知識を基に、科学や技術の進展、数学の体系化を図ってきた。そこでは地域を超えた社会制度、科学技術や研究が求める理論的要求などが契機となって、理論化すること自体が目的となってきた。結果として、理論的整合性、一般化などが図られてきた。

2.2 活動対象と活動方法

　生産や遊戯という目的と関連し、民族数学の対象は素材や用具も含む環境である。この働きかけの目的が達成されれば活動は終了である。文化を形成しているということは、人々がその活動を何度も繰り返してきたことを示している。

　それに対して、西洋数学の活動は、環境への「働きかけ」について考えることに目的がある。つまりその働きかけをより良くすること、背景にある原理を探ることなどである。そのことは、理論的な一般化を生んでいった。

　次に、活動方法は、上記の目的、活動内容と関連している。文化としての民族数学は、環境への働きかけを継承し、正確を期すために、何度も繰り返し行ってきた。このような活動は特定の文脈や働きかけにおいてのみ意味がある。

　しかし、西洋数学は、社会の近代化、科学技術化と関係し、特定の文脈や働きかけではなく、それを超越した一般的な理論の形成を行ってきた。理論の形成は、それを振り返り、一般化することが最も重要な方法である。

2.3 まとめ

ここまでの議論をまとめたものが表 1-1 である。

表1-1. 西洋数学と民族数学の対比（馬場，2002，p.14を元に体裁を整えた）

	西洋数学	民族数学
活動の目的	理論的展開	生活、生産、娯楽など
活動の対象	具体的、物理的環境の働きかけた成果（操作、記号、概念、関係など）	具体的、物理的環境
活動の方法	活動の反省（抽象化、一般化）	活動の反復
活動の特徴	二次的活動	一次的活動
	転移可能性	文脈依存性

　もし、民族数学が、各地の固有な営みを指すのであれば、西洋数学も地域としての西洋において展開してきたと考えられるし、事実西洋のある特定の職業や社会における数学も存在している（小倉，1974）。しかし近現代に展開した数学は、その他の地域・時代と異なる展開をし、文脈を超えた理論の体系を形成した。このように考える時、民族数学、西洋数学の両者は、完全には区別できないが、ここに挙げた特徴を代表している、と言える。日本の和算は民族数学と言っても、明らかに解き方を反省し洗練していった。しかし技としての体系化はあっても、理論としての体系化までは到達していなかった。つまり問題を解くレベルにとどまっていたといえる。このように異なる特徴を有した両者は、共通する側面－数学性－も有しており、それゆえ両者ともに「数学」と呼ばれている。

第3節　グローバルな思考
3.1　現在の日本における文脈

　「社会に開かれた教育課程」が掲げられた現在の日本で、民族数学を取り

上げることの意味を考えたい。そこでは、学習者が属する社会・地域と学校教育の目的や方法を共有することが謳われている。このように地域と教育の関係を捉えるとき、過去に郷土学習や地域教育計画など＊、地域を題材にした教育活動や、その教育活動を地域の在り方に結びつける動きが存在した。そしてこの社会・地域は、ここまで述べてきた働きかけや民族数学が生起する環境を示すと捉えることができる。つまり民族数学に注目することは、社会・地域という環境にある数学的な働きかけに注目することを指し、そこに可能性が開ける。

＊郷土教育はペスタロッチの影響を受けて明治期に始まった。地理教育、歴史教育などを通して郷土愛と人間形成を含意した。地域教育計画は、戦後、地方分権と連動して、教育を通した地域の開発を目的とした運動を指す。明石プランはその代表的なものである。

例えば、冒頭で取り上げた箱根の寄木細工は対称性や繰り返しの幾何学模様がみられる。その地域でこの模様を取り上げることは、対称性を学ぶことに加えて、郷土への愛着を生んだり、他の国や地域における模様と比べて、その類似点や相違点を指摘したりすることができるだろう。また文化は、伝統文化とは限らないので、住民や学習者が新しい模様、素材などを生み出す可能性もある。

3.2　グローカルな思考としての数学性

前節で述べた民族数学と西洋数学の特徴に関して、前者は固有性やローカル性と関係し、後者は普遍性やグローバル性と関係する。重要なのはこの両者が共通する側面－数学性－を持つことである。これをグローカル性と呼ぶ。

この数学性（グローカル性）をもう少し考えてみよう。Bishop（1988）は、民族数学という言葉を使わずに、関連する二つの重要な考え方を示している。それは普遍的数学的活動と数学的価値観である。前者は民族数学の見かけ上の差異にかかわらず、様々な文化は普遍的数学的活動を有していることを指している。例えば、進法や表記などは異なるかもしれないが、全ての文化が「数える」活動を持っている。もう一つの重要な考え方は、それ

らが持つ価値観である。これまでの数学教育では認知的側面が重視されてきたが、より正確に、より美しくなどの価値観が活動の背景に存在している、という指摘である。これら普遍性や価値観は環境が異なったとしても人間が根底に持つ精神性のようなものを指している。グローカル性はこの精神性を指すと捉えている。

第4節　グローカル性を活かす数学教育

4.1　ローカルに根差すこと

　21世紀に入って経済のグローバル化がますます進み、社会全般が過度にグローバルであることを強調してきた。ところが2019年末に始まったコロナ禍は、世界規模でパンデミックを引き起こし、6.36億人の感染者（2022年11月15日現在）、670万人弱の死亡数を記録している。これを機に、グローバルであることの危うさも感じられるようになってきている。

　冒頭で示した箱根の寄せ木細工は異なった種類の木材を組み合わせることで、幾何学模様を表してきた。また文化・文脈は異なるが、イスラム教のタイルやアフリカの布の模様にもパターンがみられる。記号化することで数学的に表現することも可能であろう。これら各種の民族数学や抽象化された数学の間に見られるのが数学性（グローカル性）である。抽象化された西洋数学（グローバル）は、民族数学（ローカル）の間にある共通の特徴（精神性）に注目して記号化することで生み出されてきた。他方で文脈の必要性に応じ、既存の西洋数学の知識を応用し、新たにローカルな知を形成すれば、新しいある種の民族数学と考えることができる。このように関連付けて考えることでローカル、グローバルを往復することができるだろう。

4.2　グローカルの複層性

　グローカルはローカルとグローバルを関連付ける思考であることを指摘した。ここで語彙について検討したい。グローバルは元来地球（Globe）の

形容詞形である。人類がアフリカの地を出て世界に居住地を広げていったことを考えれば、人間の歴史はGlobalであることを求め続けた歴史といえる。

それは幾層にも社会の中に自らが位置づいていることを知り、環境に働きかける文化の中に数学性を再発見することと関係する。数学及び生活の意味の再発見である。たとえば江戸時代の日本に目を移すと、大半の人が村でほとんど生活を完結させてきただろうし、それに対して江戸は今でいうグローバルな社会と言える。現代では活動の範囲が、日本全体、さらに地球全体に広がってきた。つまり、グローバルとローカルは相対的に広まってきたのだと考えられる。

現代を生きる私たちは、地方（市町村）－国－地域－世界などという単位を、時には自覚し、多くの場合無自覚に生きている。持続可能な開発目標（SDGs）は、世界の在り方についての目標であるが、多くの人にとっては日々自覚しているわけではない。それを、層の内側と外側を関連付けながら、考えることが求められている。その際、数学的モデルは、自分たちの地域と県、国と世界の関係を知ったり、地域の問題や特色を感じたりするきっかけを提供しうるかもしれない。

学習課題

1．身の周りに民族数学を見つけ、その特徴を数学的な表現を使って表そう。
2．この事例を数学授業で取り上げる時、学習目標を何にすればよいだろうか。

引用・参考文献

C. オグデン，I. リチャーズ著（石橋幸太郎訳）（2001）『意味の意味』新泉社．

小倉金之助（1974）『数学の社会性（小倉金之助著作集）』勁草書房．

M. クライン（柴田録治監訳）（1976）『数学教育現代化の失敗：ジョニーはなぜたし算ができないか』黎明書房．

馬場卓也（2002）「民族数学に基づく数学教育の展開（5）―動詞型カリキュラムにおける測定活動の記号論的分析―」『数学教育学研究』8：11-18．

Barbosa, J. C. (2006) "Mathematical modelling in classroom: a socio-critical and discursive perspective". *Zentralblatt für Didaktik der Mathematik* 38 : 293–301.

Bishop, A. (1988) *Mathematical enculturation: a cultural perspective on mathematics education*. Kluwer Academic Publishers.

D'Ambrosio, U. (1985) "Ethnomathematics and its place in the history and pedagogy of mathematics", *For the learning of mathematics*, 5 (1) : 44–48. http://www.jstor.org/stable/40247876

Erlwanger, S. H. (1973) "Benny's conception of rules and answers in IPI mathematics", *Journal of children's mathematical behavior*, 1 (2) : 7–26.

Gay, J. & Cole, M. (1967) *The new mathematics and an old culture: a study of learning among the Kpelle of Liberia*. Rinehart and Winston.

Howson, G., Keitel, C. & Kilpatrick, J. (1981) *Curriculum development in mathematics*. Cambridge University Press.

Zaslavsky, C. (1973) *Africa Counts: Number and Pattern in African Cultures*. Chicago. Lawrence Hill Books.

さらに知識を深めたい読者のための参考文献

A. ビショップ（湊三郎訳）（2011）『数学的文化化—算数・数学教育を文化の立場から眺望する』教育出版 .

小倉金之助（1974）『数学の社会性（小倉金之助著作集）』勁草書房 .

第2章
開発教材「算額づくり」の
グローカルな視点からの考察

神原 一之

概要

　算額は、主に江戸時代において難問を解決したり、良問を考えたりしたときに神社や仏閣に奉納された絵馬のことである。算額を奉納することを算額奉納といい、150年ほど前まで日本の多くの地で行われていた慣習である。しかし、明治維新の富国強兵のスローガンの下で、算額奉納の母体である和算が洋算に席巻されていったこともあり、我が国独自のこの慣習が消えていくことになる。本章では、日本の民族数学ととらえることができる算額奉納を教材化した「算額づくり」を例にグローカルな視点から考察する。

問い

1. 素材としての算額奉納のグローカル性は何か。
2. 教材研究においてグローカル性を意識することの意義は何か。

第1節　算額奉納の由来

　我が国の数学史を紐解くと、古くは飛鳥時代から奈良時代にかけて随や唐から数学を輸入したことに始まる。とはいえ江戸時代前までは、さして我が国において数学は発展しなかった。江戸時代に入り、吉田光由の『塵劫記』（1627）が、農民や商人、職人、武士と階級を問わず、日本各地で人気を博することとなる。この改定本『新篇塵劫記』（1641）に遺題と呼ばれる解答をつけない問題12題を載せた。この12題のうちの1題は円を3分割する難題であった。この遺題を榎並和澄が解き、1653年に自著『参両

録』に解答を示すとともに新しい遺題を掲載し、さらに『参両録』の解答を1659年に磯村吉徳が自著『算法闕疑抄』に発表する。これをきっかけに、遺題を解き、新しい遺題をつくるという慣習が生まれることになる。このことを「遺題継承」と呼ぶ。これが和算を独自に発展させる要因の一つとなった。

　一方、日本には奈良時代の頃から絵馬を奉納する慣習があった。元々は神事に神馬を奉納していたものが、木や紙、土でつくった馬や、さらにそれを簡略化した馬の絵を板にかいた絵馬を奉納することに変化していった。そして、絵馬は奉納者の祈願、たとえば天候、健康や安産、誓い、家内安全、良縁、商売繁盛などの実利的な願いを込めて奉納されるようになり、江戸時代には、和算家たちが数学の問題を作って算額と呼ばれる絵馬を奉納した。これは遺題継承と絵馬信仰が相俟って一つの文化を醸成した結果と思われる。算額は日本という地球規模で見れば小さな空間において、近代の200年余り、人類の歴史から見れば一瞬の時期に生まれ消えていった日本独自の文化である。

第2節　学習素材としての算額奉納の特徴

2.1　算額奉納のプロダクトである「算額」

　算額奉納におけるプロダクトとしての算額そのものの特徴を考察する。算額は木片に数学の問題と答えが描かれていた。図2-1のように、算額の多くは幾何的な問題であり、問題のシンプルさと代数的解法の難易度の高さを兼ね備えているものが多くあった。なお、後述するように中学生の課題として適切な算額も多くある。現存する算額は約900面、記録だけのものを加えると約2600面にのぼる。

　さて、数学の世界では形を対象とするとき、不要な要素であ

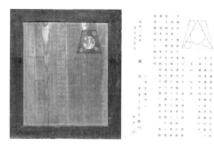

図2-1.「井手上丈左衛門の算額」
（伊佐爾波神社, 2005, pp.24-25）

る色は捨象するのが普通である。ところが、算額の問題は美術作品のように美しく彩色されていた。西洋の数学者たちが、図形を彩色していたのかどうかは管見にして知り得ないが、算額は数学の問題に彩色して芸術性を追求している点において異彩を放つ。ではなぜ色をつけたのか。それは算額の趣旨にある。算額はいわば和算家たちの遊戯的プレゼンテーションである。たとえ算額を掲げても聴衆に見向きもされないようなものではプレゼンテーションの舞台に立ったとはいえず、遺題継承の文化リレーに参加できないことになる。精魂込めて思索し創作した算額が見向きもされない事態となることは、和算家としては我慢できないことであろう。換言すれば、彩色された算額は、和算文化への招待状としての意味でデザイン性を有し、数学と芸術の一体化をなしている。フリーマン・ダイソン（Freeman Dyson）によれば、算額は「数学と芸術が分離されていないすばらしい普遍的言語」（深川他，1993，推薦文 v）である。

　そして、『塵劫記』や『参両録』などは印刷本であるのに対して、算額の素材は木片である。当時紙は高価であるため、庶民が出版することは難しく板による算額を作ることにより手軽に数学文化の輪に参加したのであろう。木は軽くて、丈夫であり、加工がしやすく、独特の温もり感がある。算額をよく調べると、古い問題を削りその上に新しい問題が描かれているものもある。今でいうリユースである。算額ではなく他の日用品等にリサイクルされたものもきっとあったに違いない。もちろん、鎖国時代の日本人が地球環境問題の視点をもっていたわけではないだろうが、経済、環境という視点から算額をみても優れた我が国独自のローカルな文化遺産である。

2.2　算額奉納のプロセスである「奉納」

　算額の奉納者に目を向けるとその多くは、市井の和算家、庶民である。奉納に特別なルールがあったわけではなく、誰でも自由に奉納できたのである。偉人や権力者の歴史ではない、概して歴史に埋もれてしまう庶民の息吹がここにある。彼らが算額を神社仏閣に奉納したのはもちろん問題が解けたり、数学の腕が上がったりするような神仏への感謝・祈願の意味があるだろうが、当時の日本では神社仏閣は人々の拠り所であるため多くの

人たちが集まる場所であることから、特定の誰かに限らず、見知らぬ他者ともコミュニケーションをとるツールとして算額は機能していたと考えられる。

　教科書や問題集に掲載された問題の場合には作者を通常意識しないが、算額の場合には井手上丈左衛門のように作者名が明記されているため、顔は分からなくても存在を意識できることが特徴としてあげられる。双方向性の強いコミュニケーションとは異なるが、このことにより算額を媒介として問題解決時に作者と内言による対話が生まれるのを感じることができるのである。やや大げさな言い方をすれば、時間と空間を越える対話の体験が算額の問題解決を通じて行われるのである。和算家たちとの対話は、江戸時代に培われた文化としての「算額奉納」のリレーに参加することを意味する。

　このように、算額奉納は、数学と芸術の一体化をなすばかりかコミュニケーションツールとして機能するプロダクトとしての算額、庶民の数学文化参加、遺題継承による継続的な営みを形成するプロセスとしての奉納という特徴をもつローカルな学習素材である。

第3節　算額奉納の教材化の意義

3.1　算額奉納を教材化した授業実践「算額づくり」

　ここでは、神原（2010）を参照して国立大学附属中学校3年生を対象とした授業実践「算額づくり」を示し、その意義を検討する。「算額づくり」は、合計7時間で、第1次「算額を解く（2時間）」、第2次「オリジナル算額をつくる（3時間）」、第3次「作成した算額を検討する（2時間）」で構成した。なお、完成した算額は算額をつくろうコンクール（主催　NPO和算）に応募するとともに、校内にも掲示した。

　第1次では、まず算額の歴史を生徒に紹介し、遺題継承と絵馬信仰が相俟って我が国独特の一つの文化を醸成したこと、各地を旅して和算を教える遊歴算家の存在、算聖と呼ばれる関孝和の業績を生徒に伝えた。このことを通じて生徒たちは、西洋数学とは異なる系譜である和算の発展や算額

と当時の日本社会・文化との関係を理解し、日本独自の数学があることを知り驚いていた。次に、単元「三平方の定理」の発展的な課題として、教科書（一松信他，2005，p.164）に掲載されていた大阪の服部天神社、福島の鹿島大神宮、東京の大國魂神社の算額にある問題を2時間扱いで解決させた。これら3つの課題は、円の接線の性質や相似な図形の性質、三平方の定理などの既習事項を活用して、図形に内接している円の直径を求めるものである。やや難易度が高いが3年生の図形学習のまとめとして適当な課題である。

　例えば、1843年に吉田傳兵衛が奉納した大阪服部天神社の算額（図2-2）は、1つの直角三角形を斜辺に垂直な線分で2つの直角三角形に分けて、それぞれの直角三角形に内接する円が描かれている。問題文に目を向けると、「三四五鈎股弦内中鈎甲乙二ヶ円径問」と現代文表記に比べれば実に短く漢文で記されている。問題文中にある「三四五鈎股弦」は直角三角形の鈎（直角三角形の直角をはさむ2辺のうちの短い辺）が3尺、股（直角三角形の直角をはさむ2辺のうちの長い辺）が4尺、弦（直角三角形の斜辺）が5尺である直角三角形を示し、「中鈎甲乙二ヶ円径問」は、中鈎（直角三角形の頂点から斜辺に下ろした垂線）の長さと（図2-2のように各辺に内接する）2つの円（甲と乙）の直径はいくらかという意味になる。漢字のみで表現されているのは、当時の日本における国際言語である漢字の使用をもって格式を保とうとしたのかもしれないことを伝えた。生徒が普段目にしている数学の問題は、現代仮名遣いで表記され、他の言語で表記された数学の問題に出会うことはまれであろう。現代表記にすれば長い文となるが、和算固有の用語使用と漢文、図を見て慮ることで簡潔に表現されていることに驚きを感じ、英語など他言語での問題文に関心を広げる生徒もいた。問題解決後には、江戸時代における先人の数学能力が予想以上に高いこと、算額に描かれた図

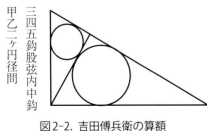

図2-2. 吉田傳兵衛の算額
（一松信他，2005，p.164を元に筆者が作成）

がシンプルで美しいのに解法はさほど容易ではない良問であることなどについて振り返っている生徒が多くいた。

　第2次「オリジナル算額をつくる」では、B4版の用紙1枚に、問題文と図、術（解法）、答えを記述した現代の「算額」をつくった。これを数学教育の実践でよく見られる「問題づくり」と比較してみると、基本的に原題がないために問題作成の制限が少なく、全く自由な発想で新規に問題をつくる点が異なる。ただし、自分がひとまずつくった問題の条件を変えながら、解が適切な値になるように問題を仕上げていく過程は、「問題づくり」で原題の条件を変えながら、問題を練っていく過程と同じである。そして、「問題づくり」では、解法や解が示されていないのが一般的であるが、本実践では、算額の中に問題文のみならず、図や解法と解も合わせて示すため、限られた紙面の中に、要点を絞り、簡潔に分かりやすく解法を表現することが要求されることが異なる。なお、算額は〇、×で単純に評価することはできないため、算額をつくる際に事前に教師がルーブリック（表2-1）を与え、目指す算額の目標（ルーブリック）を示した。

表2-1. 算額ルーブリック（神原，2010, pp.3-4）

観点	尺度		記述語
問題提示の適切さ	3	よい	文・図に情報が過不足なく提示されている
	2	合格	文・図のいずれか少なくとも1つに余分な情報を含んでいる
	1	不十分	文・図の少なくともいずれか1つに情報不足がある
術・答えの正しさ	3	よい	答えが合い、術が要点を押さえてわかりやすい
	2	合格	術・答えとも合っている
	1	不十分	術・答えのいずれかが間違っている
問題の質	3	よい	中学3年で学習した内容が3つ以上はいっている
	2	合格	中学3年で学習した内容が1つまたは2つはいっている
	1	不十分	中学2年までの内容しか入っていない
創造性	3	よい	初めて見るよい図である
	2	合格	あまり見たことがない図ではあるがぱっとしない
	1	不十分	どこかで見たことがある図である

生徒たちは問題をつくる段階で試行錯誤を何度も繰り返していた。どのような形にするのか、どのような図形を組み合わせるのがよいのか考えたり、いったん自分なりの図が描けても、図に示された状況を文章問題に表現する際に、何が条件として必要なのか、不必要な情報はないのか考えたり、図と問題文が決定しても、解を導く過程で、現在の自分の能力では解決できず、図を描き直したり、逆にあまりに簡単な問題になりすぎて満足できなかったりするのである。例えば、ある生徒は正六角形に内接する大円を描き、この大円と正六角形に接する小円を描きたいと考えているのだが、その方法がわからない。小円の中心が接線の角の二等分線上にあることに気づき、作図を完成させたものの、小円の半径を求めることができず、仕方なく図2-3のAのように、逆に大円の中に正六角形を内接させた図に変更した。そして、「大円の半径が6cmのとき、小円の半径を求めよ」と問うことにした。しかし、この問題を自分で解き、60°をもつ直角三角形の辺の比を利用すれば簡単に求まることに気づき満足できず、さらに図2-3のBのように変更し、「最も小さい円の半径が1のとき、大円の半径を求めよ」とした。大きさの異なる3種類の円を描いたことにより、三平方の定理だけではなく、相似を利用し解決する問題となったことに今度は満足し清書したのである。生徒の記述には、「私はまず自分が好きなように図を描いて、それから問題を考えていきましたが、最初に描いた図では自分が解くことができず、自分で描いたものが意外と難しいのに驚きました。今までの学習内容をフルに利用して問題をつくってみても、なかなか解法が思いつかなかったりして、基本の積み重ねがとても大切だと思いました」とある。このように、算額をつくる過程において、図の決定と数値や言葉の選択は、高度な数学化の作業であり、この過程において三平方の定理や相似、円の性質などの数学的知識を活用する能力や問題解決能力だけではなく、図と言語を用いて表現し粘り強く考え続ける姿勢

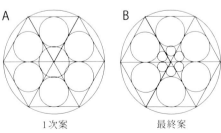

1次案　　　　　　　　最終案

図2-3. 生徒の図の変化（神原, 2010, p.5）

を養うこと、いわば和算家たちの算額奉納の文化の追体験ができる。

　第3次「作成した算額を検討する（2時間）」では、まず、何度も修正を重ね完成したそれぞれの作品をグループ（4人）で検討を加えたはずなのに、自分では気づかなかった問題文、図、術、解の不備がさらに指摘された。それらの箇所を修正し、清書した図に美しく色を塗り完成作品とした。続いて、完成作品を回覧し、ルーブリックを見ながら4名のグループで評価用紙に記入させた。その後、完成作品のうち、「問題提示の適切さ」、「術・答えの正確さ」の項目について評価が分かれた作品の中から、中学3年生の学習のまとめとして適切な作品を2題選び検討会を開いた。この検討会では、他者の術を読み、問題の解決をするだけに止まらず、作者の解法の適切さや巧みさ、もしくは数学的表現の不適切さを読みとることが要求される。同時に、自分の評価と他者の評価のすりあわせの際には、当然話し合い活動が行われ、目の前の算額を根拠にみんなで考え合う。こうして、自分では「合格」と判断していた算額が、実は不十分な点があることを自覚する。こうして、さらに習得した知識をより洗練させていくことにつながると考える。

3.2　開発教材「算額づくり」のグローカルな視点からの検討

　前項の実践を元に教材「算額づくり」の意義について考察する。

　第一の意義として、ローカルな文化の継承プロセスを経験することである。文化遺産としての算額奉納を学ぶことは、西洋数学とは異なる系譜で発展した和算や算額を通して当時の日本社会・文化（ローカルな文化）をよく理解することになる。しかも知識として算額奉納を知ることにとどまらず実際に江戸時代の算額の問題を解くことで、飽くなき探究心をもつ和算家たちとの時代を超えた対話が生まれ、自ら算額をつくり奉納することでその苦労や喜びを味わうことになる。つまり、江戸時代の数学文化への参加であり、ローカルな文化の継承である。すなわち、文化の継承は、国や地域という大きな共同体が行うのみでなく、深い文化体験を有する個が文化参加の主人公であることを「算額づくり」を通じて知覚することを可能とする。

第二の意義として、素材が内包するグローバルな数学性の発見である。算額が数学性と芸術性を兼ね備えていることはグローバルとローカルの一体化を表す。古代ギリシア数学のパップスの著書に扱われている有名な「靴屋のナイフ（アルベロス）の問題」の図は興味深い美しい図であり、算額の問題の中にも似た問題がよくある。つまり、プロダクトとしての図のバランスやシンメトリー、ハーモニーなどに対する関心や感情はローカルなものではない。算額に描かれた図形の調和や対称性、解法のエレガントさを実感することは、数学の普遍性に触れることになる。そして、プロセスである問題解決においては、既習事項である三平方の定理、円の接線の性質、相似な図形の性質などを用いて、根拠を明らかにしながら自律的に思考を進め、解決の過程や結果について批判的に検討することになる。さらに、算額の問題づくりの段階で自らを律しながら自己調整して創造力を働かせたり、批判的に考えたり、論理的に思考を進めたりする力が求められる。また、作成した算額の検討会では、ルーブリックに従い話し合う中で他者と協働する力や判断する力が求められる。このように素材としての算額奉納を教材化することで、批判的思考力、問題解決能力、創造性、他者と協働する力などの高次の認知スキルや社会的スキル、いわゆるグローバル・コンピテンスの形成が期待される。

　以上、この開発教材「算額づくり」の性質をプロセス・プロダクトとローカル・グローバルの2軸で整理すると表2-2のように表すことができる。このようにとらえると前章で議論した民族数学がローカル性に、西洋数学がグローバル性に対応するととらえることもできそうである。

表2-2. 開発教材「算額づくり」の性質

	プロセス	プロダクト
ローカル性	時代を越えた対話（文化への参加）	算額を奉納する
		算額の美しさ（芸術性）
グローバル性	図の決定、数値や言葉の選択などの数学的能力	図形の美しさ（審美性）
	批判的思考力・創造性などの高次の認知スキル、他者とのコミュニケーションスキル	数学的な論理性

算額奉納は、明治以降もこれに興味・関心を抱く人々が研究対象としてきたとはいえ、そのままではこの特徴ある文化遺産は継承されず消滅することすらあり得る。ローカルな素材を教材化することで、生徒に主体的文化参加を促し、文化継承の担い手を育成する可能性が広がるだろう。その際には、文化参加のためだけではなく、グローバルな数学性を追求する民族性や文脈性を有する活動を通して多様な教育目標を達成するための教材とするであろう。そこには、文化的価値や陶冶的価値、実用的価値が位置づく。このようなグローカルな教材の学びを通じて、「グローカル性を有する数学を学ぶことを通して価値ある日本文化を世界に開く可能性があること」を子どもたちに知覚させることができる。グローカルな視点での教材化には、今日的な日本の数学教育の課題である「数学を学ぶ意義をわからない」の解決に迫る可能性が感じられる。

学習課題

1．算額の授業への活用の仕方を考えてみよう。
2．ローカルな学習素材を1つ取り上げて、グローカルな教材を構想してみよう。

引用・参考文献

伊佐爾波神社（2005）『道後八幡　伊佐爾波神社の算額　紀要第1集』伊佐爾波神社：24-25.
一松信　他（2005）『中学校数学3』学校図書：164.
上野謙爾・小川束（2021）「江戸の数学から見えてくるもの」『現代思想—和算の世界』講談社：8-21.
神原一之（2010）「中学校における「算額づくり」を取り入れた授業実践」『日本数学教育学会誌』92(5) 2：2-8.
深川英俊／ダン・ソコロフスキー共著（1994）『日本の数学難題解けますか？［上］』森北出版株式会社、巻頭推薦文 v.
三上義夫（1947）『文化史上より見たる日本の数学』創元社.
山根誠司（2015）『算法勝負！「江戸の数学」に挑戦　どこまで解ける？「算額」28 題』講談社：3.
和算研究所［編］佐藤健一［編集代表］（2017）『和算百科』丸善出版株式会社：44-47、60-63.

さらに知識を深めたい読者のための参考文献

和算研究所監修・佐藤健一文（2016）『和算　THE WASAN』文溪堂.
佐藤英二（2006）『近代日本の数学教育』東京大学出版.

第3章

モザンビーク共和国の「ローカルカリキュラム」の
理念および数学科における実践

日下 智志

概要

2017（平成29）年改訂の学習指導要領に「社会に開かれた教育課程」が示された。その理念の一つに、「よりよい学校教育を通じてよりよい社会を創るという目標を学校と社会が共有し、それぞれの学校において必要な教育内容を明確にしながら、社会との連携・協働によってその実現を図る」とある。アフリカ大陸の南東部に位置するモザンビーク共和国（Republic of Mozambique、以下モザンビーク）では、同様の理念を掲げた「ローカルカリキュラム」という教育政策が2004年に導入され、コミュニティの伝統や在地の知と学校教育で教える知識の融合を図る取り組みがなされている。ローカルカリキュラム（Currículo local）とは、国ではなく地方教育局や各学校が主体となり開発されるカリキュラムを意味する。本章では、導入から約20年がたとうとしているモザンビークのローカルカリキュラムに関し、教科の中でも最も普遍性の強い数学科におけるローカルカリキュラムの実践について、授業観察および関係者へのインタビュー調査＊をふまえ、グローカルな視点から検討する。また、これまでの章と同様に、普遍性をグローバル性、固有性をローカル性と捉えて議論を進める。

＊本章の執筆にあたり、2021年7月30、31日に国立教育開発研究所（INDE）のローカルカリキュラムの責任者1名、首都近郊の小学校教員5名、小学校2、4、6年生の児童1名ずつに、Zoomにより遠隔でインタビュー調査を実施した。

問い

1．モザンビークのローカルカリキュラムにはどのような理念があるか。
2．ローカルカリキュラムで扱われる数学と普段の授業で扱われる数学と

の違いは何か。

第1節　モザンビークの概要

　モザンビークは、16世紀のポルトガ
ル統治以前から、海路の寄港地として、
ヨーロッパ、アラブ、インド、中国との
交易拠点として発達した。そのため、現
在のモザンビークの文化や生活にはそ
れらが混在している。旧宗主国のポル
トガル語が公用語であるが、約40の民
族が存在し、20以上ものローカル言語
が話されており、文化的にも多様な多
民族国家である。学校制度は、我が国と
同様、義務教育開始年齢が6歳、義務
教育9年間（初等教育6年間、前期中
等教育3年間）である。

図3-1. モザンビーク共和国
（筆者作成）

第2節　「ローカルカリキュラム」とは？
2.1　「ローカルカリキュラム」導入の背景

　モザンビークの「ローカルカリキュラム」について論じるにあたり、初
めに、その導入の背景について説明する。モザンビークは1975年に独立
したが、1983年まで旧宗主国であるポルトガルのカリキュラムがそのま
ま使用され、1994年に国家としての第一期の初等教育カリキュラムを制
定した。しかしながら、このカリキュラムに沿った学校教育は、コミュニ
ティの発展にはほとんど寄与しなかった（Dhorsan & Chachuaio, 2008,
p.202）。例えば、数学では、早い段階から数式を中心とした西洋数学が教
えられた。また、理科についても、農業、動物飼育、漁業などが学習内容
に含まれていたが、理論的なものばかりであり、子どもたちは学校で学ん

だ知識を実際の生活に活用することができなかったのである。結果として、特に農村部では退学率が上昇した。原因として、カリキュラムが数学的構造にあまりにも厳格に従い、子ども達の生活の場であるコミュニティでの応用の余地がほとんどないことが挙げられた (Dhorsan & Chachuaio, 2008, p.202)。教育省は、次期カリキュラムの柱の一つを基礎教育の社会的、文化的発展への貢献と定め、基礎教育カリキュラムの改訂を開始した。具体的には、学校教育をコミュニティに根差した伝統文化の継承およびそれらと新しい知識の交流の場にすることを目的とした。カリキュラム改訂の過程では、各州において市民団体を交えた協議グループが設置され、様々な議論がなされた。その結果、第一期のカリキュラムの施行からちょうど 10 年目にあたる 2004 年に第二期が施行され、各教科の授業時間の20%を、児童・生徒の生活、家族、地域社会に関連した課題を統合的に扱う時間とする「ローカルカリキュラム」という授業の枠が設定された。例えば、3 年生の算数の年間授業時数は 308 時間であり、その 20% の 62 時間をローカルカリキュラムにあてることと規定されている。

2.2　ローカルカリキュラムの理念

　政策文書および INDE のローカルカリキュラム担当技官へのインタビューから、ローカルカリキュラムの理念について考察する。カリキュラムに記載されているローカルカリキュラムの目的は以下のとおりである。
　「児童・生徒が、自身のコミュニティに関する知識を深め、その地域の社会的、文化的、経済的発展に深く貢献できるための知識、スキル、価値観、態度を身につける。」(INDE, 2011, p.10)
　ローカルカリキュラムは、学校教育に地域社会がより深く関わることにより、その地域の文化に適切で包括的な教育を行うことを目指している。その結果として、家族、地域、国の生活水準が向上し、貧困レベルを下げることが期待されている (INDE, 2011)。教育省のローカルカリキュラムの担当技官に、それらの理念について質問したところ、施行から約 20 年経過したが、理念は変化していないとの回答であった。さらに、「地域社会が学校教育に参画することにより、普遍的な数学の学習内容をその地域に存

在する重要な課題と関連づけた学習を行うことができる。他方で、子ども達は、インターネットやメッセージアプリの WhatsApp を日常的に使用しており、世界中からあらゆる情報を手に入れることができる。この流れを止めることはできないが、子ども達が日々生活しリアリティがあるのは、それぞれのコミュニティである。」と述べた。また、「他国や他地域の情報を得ることにより、自身のコミュニティや自国のアイデンティティを意識することにもなる。」と回答した。これらの回答から、グローバル化の現実を認識しながらも、それぞれが生活するコミュニティというローカルに軸足を置くべきであるとの信念がローカルカリキュラムに込められていることが推察される。

2.3　ローカルカリキュラムの概要

　ローカルカリキュラムは教科ではなく、教科の構成要素である (INDE, 2011)。各教科の年間総授業時間数の 20% を、その学校が存在する地域社会と関連づけてさらに深く掘り下げるための時間にあてることができる。カリキュラムに記載されているローカルカリキュラムの主要方針を表3-1 にまとめる。ローカルの範囲について、学校が配置されているコミュニティを基本とすることと規定されている。つまり、ここでのローカルは、居住地域を同じくし、習慣などで深い結びつきを持つ最も身近な地域を意味している。また、計画段階では、教員がコミュニティの主要メンバーと打ち合わせを行うなど、ローカルカリキュラムの計画から実施までの一連の過程において、学校とコミュニティの連携が重要視されている。さらに、実践記録を残すため、ローカルカリキュラムの実践例（パンフレット）を作成することが規定されている。ローカルカリキュラムは、学校と地域の連携を深めることに加え、実践記録を残すことにより、その多くが無形である在地の知を、形として残すことにも重点が置かれているといえるだろう。

表3-1. ローカルカリキュラムの主要方針

方針	- 学習内容は、ローカルコミュニティと関連するものを含める。 - 学校が配置されているコミュニティを基本とするが、郡や州にまで拡大してもよい。
実施プロセス	ローカルコミュニティに関係の深い事柄を学習内容として選定するため、学校および教員は、情報収集のため以下のプロセスで進めていく。 (1) ローカルコミュニティとの打ち合わせの実施 (2) 学習内容の選定および授業実施方法の検討 (3) ローカルカリキュラムの実施計画の立案、協力者との調整 (4) 実践記録を残すため、ローカルカリキュラムの実践例 (パンフレット) の作成
評価	各学校で行っている試験に、ローカルカリキュラムで実施した内容も含めることで評価する。
関係者の役割	**教師** - コミュニティのニーズを収集し、それを教育・学習プロセスに反映させる。 - ローカルコミュニティと連携し、学校で教えられる知識とローカルコミュニティに伝わる知識が相互に影響し合うようにする。 - 学校で教えられた知識が、コミュニティの利益のために活用されるようにする。 - ローカルカリキュラムの理念を地域社会に普及させる。 **児童・生徒** 個人、家族、社会の貧困と闘うために、基本的な生活スキルを身につけ、ローカルコミュニティに存在する問題とその解決方法を考え、身につけた知識を積極的に活用する。 **コミュニティ** - 学校で取り上げるべき学習内容を提供する。 - 専門的知識を持つ人材を学校へ紹介する。

出所：INDE（2011）

第3節　数学科におけるローカルカリキュラムの実践例

首都近郊にある小学校の2年生の算数におけるローカルカリキュラムの授業実践を紹介する。2021年10月22日に、Zoomにより日本から遠隔で授業観察を行った。30代後半の男性教師で、児童数は30人であった。その教師は、算数ではローカルカリキュラムとしてまとまった活動は実践していないが、ローカル言語であるChangana語を使った算数の授業を1〜2週間に1回実施しているとのことであった。普段の授業は、公用語で

あるポルトガル語で行われている。さらに、首都近郊のため日常生活においてもポルトガル語が広く使用されており、ローカル言語を話す子どもが減少していることから、ローカル言語に意識的に触れさせることは非常に意義があると話した。観察した授業の目的は、「Changana 語で 10 までの数を数え、数詞の決まりを見つける。」であった。授業の一場面を以下に示す。

教師：1 から 10 までの Changana 語での数え方を知っている人？

児童：（30 名中数人が手を挙げる。先生にあてられた一人の児童が声に出して数える。）

Xin'we(1), Swimbirhi(2), Swinharhu(3), Mune(4), Ntlhanu(5), Ntlhanu ni xin'we(6), Ntlhanu ni swimbirhi(7), Ntlhanu ni swinharhu(8), Ntlhanu ni mune(9), khume(10)

教師：その通りです。では、全員で数えましょう。

（クラス全体で 5 回程度繰り返した後、数人の児童に個別に数えさせる。）

教師：何か決まりを見つけることができましたか？

（約 10 人の児童が手を挙げる。先生にあてられた児童が答える。）

児童：6 は 5 と 1、7 は 5 と 2、8 は 5 と 3、9 は 5 と 4 という言い方になっています。

教師：すばらしい、その通りです。（1 から 10 までの数詞を板書する。）

教師：では、Changana 語で 17 は何というでしょうか。

（約 10 人の児童が手を挙げる。）

児童：Khume ni ntlhanu ni swimbirhi (17)

教師：その通りです。来週までに、20 までの数を Changana 語で数えられるように家で練習しましょう。

　ここで興味深いのは、ただローカル言語で数を数えさせるだけではなく、5 を基礎とするローカル言語の数詞のきまりについて考えさせていることである。さらにもう一歩踏み込んで、公用語であるポルトガル語の数詞と比較し、類似点や相違点を考えさせれば、グローバルな言語（ポルトガル語）とローカルな言語（Changana 語）の知識を往還させることが可能

となるだろう。

　Changana 語の算数の授業について児童は、新しいことを知ることができるためとても楽しい、と答えた。また、日常生活における Changana 語の使用については、テレビ番組や祖父母が話しているのを聞いたりする程度であった。ローカル言語が失われつつあるという都市部の現状に対し、ローカル言語自体を在地の知と捉え、算数の内容をローカル言語で教えることにより、ローカルカリキュラムの目的の一つである「在地の知の継承」に取り組んでいることが伺える。他方で、地方では都市部と違い、ローカル言語が日常言語として使われている。つまり、子どもたちは日々の生活の中で、5 進法を使用しているのである。このことは、ローカルカリキュラムが、伝統文化の継承という役割だけでなく、子どもたちの生活経験を、学校で教えられるグローバルな数学と結び付ける役割も果たす可能性も秘めているといえる。

第 4 節　数学科におけるローカルカリキュラムのグローカルな視座からの考察

　数学科におけるローカルカリキュラムの実施について、関係者へのインタビューを基に、(1) 必要性の認識と実施状況の乖離、(2) グローバル化の影響、の 2 つの視点から考察する。

4.1　必要性の認識と実施状況の乖離

　インタビューしたすべての教員が、ローカルカリキュラムの必要性に対する認識を示した。ある年配の教員は、ローカルカリキュラムの施行により、学校教育でコミュニティや在地の知がこれほど重視されたことはないと述べた。また、コミュニティの文化や価値の喪失に対する危機感について説明する教員もいた。他方で、多くの教員が、数学科においてローカルカリキュラムを実施することに困難を感じていることも明らかとなった。その主な理由として、歴史や自然環境に関しては、自身のコミュニティと関係する学習内容が豊富で扱いやすいが、数学は普遍的であり、ローカル

カリキュラムとして扱う具体的な学習内容を見つけることができないことを挙げた。また、数学科ではローカルカリキュラムに時間を使うより、教科書の問題を解かせるべきという回答もあった。INDE のローカルカリキュラム責任者も、数学科では、カリキュラム文書に示されているすべてのプロセスを踏んだローカルカリキュラムを実施した事例はほとんどなく、特に低学年では、数の数え方やゲームなどにとどまっていることが課題であると述べた。つまり、ローカルカリキュラムの必要性に関する認識と実施状況が大きく乖離しているのである。この原因として、数学の普遍性（グローバル性）については認識しているものの、数学の固有性（ローカル性）の認識およびそれを普遍性に関連づける意識が低く、両者を往還させる具体的な教材開発が多くなされていないことが考えられる。しかしながら、先節で紹介した教師は、児童がコミュニティに存在するローカル言語での数の数え方を継承できていないことを問題と捉え、それをローカルカリキュラムとして扱っていた。また別の教員は、現地に古くから伝わる偶数と奇数を使った遊び、現地の建物のデザインと建築方法を、ローカルカリキュラムとして実践したことがあると回答した。

　民族数学の著名な研究者であるアラン・ビショップ（Alan Bishop）は、方法は異なるが各文化に必ず内在する普遍的な数学的活動として、「数える」、「測定する」、「位置づける」、「デザインする」、「説明する」、「遊ぶ」という 6 つを挙げた（Bishop, 1988）。現地に古くから伝わる偶数と奇数を使った遊びは、「遊ぶ」、建物のデザインと建築方法は、「デザインする」と関連する。つまり、教員が挙げたローカルカリキュラムの実践内容は、すべて普遍的な数学的活動にあてはまり、普遍性（グローバル性）と固有性（ローカル性）を往還させる数学性（グローカル性）を有した教材である。このような実践を蓄積し公開していくことが、教員のローカルカリキュラムの必要性の認識と数学科における実施状況の乖離を埋めることにつながるだろう。

4.2　グローバル化

　インタビューをした INDE のローカルカリキュラム責任者、校長、教員

のすべてが、近年のグローバル化やテクノロジーの発達によりローカルカリキュラムが大きな影響を受けているという認識を示した。ある教員は、テレビ、インターネット、携帯電話などで世界中の情報を得ることができるようになったことにより、コミュニティや地域の文化の価値が薄れてきていると回答した。またある教員は、10年前ほどローカルカリキュラムに真剣に取り組まなくなってきていると述べた。その理由として、ある校長は、コミュニティの文化や在地の知の継承という指示は出されているが、在地の知の価値がコミュニティや学校間で大きく異なることが問題であり、特に都市部では、それらがほとんどない場合もあると説明した。普遍性（グローバル性）が強くローカルカリキュラムで扱う内容が乏しいと認識されている数学科は、その影響をもっとも受けやすく、今後は都市部に限らず地方のコミュニティにおいても数学科におけるローカルカリキュラムの実践が減少していくことが懸念される。止めることのできないグローバル化の流れの中で、「地域に根差した伝統文化と新しい知識の交流」というローカルカリキュラムの理念を、数学科においてどのように実現していくかが、今後ますます試されることになるだろう。

第5節　ローカルカリキュラムの可能性と課題

　本章では、モザンビークのローカルカリキュラムについて、その理念および数学科における実践内容について考察してきた。最後に、これまでの議論をふまえつつ、モザンビークから範囲を広げ、数学科におけるグローバル性とローカル性を融合させた教育実践に関する今後の展望を示したい。SDGsなどに代表される国際機関が示す目標や我が国の「社会に開かれた教育課程」は、ローカルに軸を置いた活動を柱としている。モザンビークでは、インタビューした教育関係者全員が、コミュニティの伝統文化の喪失に対する危機感をもち、在地の知の継承を目的の一つとするローカルカリキュラムの必要性および重要性について認識していた。しかしながら、数学科における実践に関してはどの教員も困難を抱えており、その背景として、数学は普遍で学校教育のみで教えられるものという固定観念が

あることや、数学に関する在地の知の価値を見出せていないことが伺えた。他方で、ローカルカリキュラムを行っているという意識はなくても、ローカル言語での数の数え方やコミュニティに伝わる数学のゲームを教えることなどを通して実践している場合も存在した。数学科におけるローカルカリキュラムをさらに活性化させるためには、研究者、カリキュラム開発者、教員が、自身の文化において失われつつある数学もしくは眠っている数学を顕在化させ、教材化し、実践例を蓄積していくことが必要といえるだろう。本章で示したモザンビークの例に触発され、数学科におけるカリキュラム及び学習活動が、グローバルとローカルを往還させながらグローカルに模索され、グローバルとの違いや特色を感じ、そのよさが継承されていくことを期待する。

学習課題

1. 自分の地域で数学科のローカルカリキュラムを実施するとしたら、どのような内容が考えられるでしょうか。
2. 「1.」で考えた内容をもとにして、グローバルとローカルを往還するグローカルな数学教育について考察しましょう。

引用・参考文献

Bishop, A. J. (1988) *Mathematical enculturation. A cultural perspective on mathematics education*. Dordrecht: Kluwer Academic Publishers.

Chachuaio, A. M. & Dhorsan, A. (2008) "The local curriculum in Mozambique: the Santa Rita community school in Xinavane" *Prospects*, 38 (2) : 199-213.

INDE (2011) *Manual de Apoio ao Professor: Sugestões para abordagem do curriculo local*. INDE

さらに知識を深めたい読者のための参考文献

アラン J. ビショップ（著）、湊三郎（訳）(2011)『数学的文化化―算数・数学教育を文化の立場から眺望する』教育出版 .

成蹊大学グローカル研究センター（編著）(2020)『グローカル研究の理論と実践』東信堂 .

溝口達也（編著）(2021)『新しい算数教育の理論と実践』ミネルヴァ書房 .

第 *2* 部

学習者の文化的多様性

第2部では「全ての子どもたちのための数学（Mathematics for all）」と「卓越性のための数学（Mathematics for excellence）」を2つの主要テーマとして掲げ（参考：二宮, 2011）、母語と異なる教授言語を用いて行われる多様な数学学習に光を当てる。前者はあらゆる子どもに対する算数・数学を指す。後者はより高い素養や才能を持つ子どもたちへの取り組みを指す。これらの公平性と卓越性について母語と異なる教授言語という視点から浮かび上がる、共通の課題や今後の可能性を論じることでグローカルな数学学習について最後に検討したい。

　本部では、多様なバックグラウンドを有する外国につながりのある児童生徒の数学学習の課題と可能性を神奈川県横浜市、群馬県大泉町の事例より明確化する（第4章、第5章）。外国につながる児童生徒とは、ここでは外国籍及び外国出身または外国にルーツをもつ日本国籍の子どもを指している＊。事例では児童生徒の学校内外での学習や取り組み、数学学習に関する学習者の困難性に焦点を当てる。このことは2つの主要テーマの前者に特に該当する。最後に、近年政策として推進されている国際バカロレア（International Baccalaureate: IB）の英語による学習指導の課題や可能性について言及する。このことは主要テーマの両方に該当し、特に後者の可能性を包含している。この部を読み進めるプロセスにおいて、読者の皆さんに何がグローカルなのかを考えていただきたい。

＊本部で論じる外国につながる児童生徒の呼称については、他にも外国にルーツのある児童生徒、海外にルーツを持つ児童生徒、日本語支援が必要な児童生徒等、様々ある。本部では星野他（2017）に倣い、公立小中学校及び高等学校で使われている「外国につながる児童生徒」と統一する。人権的な配慮と共に、日本語等の支援が必要な児童生徒の多様化からこのような呼称となっている（星野他, 2017）。

引用・参考文献

二宮裕之（2011）「数学科における才能教育の展望」『日本科学教育学会年会論文集』35: 171-174.

星野洋美、江口佳子、厨子真由美、三村友美、福島みのり（2017）「外国につながりのある子ども達のキャリア形成に関わる教育及び生活課題の質的分析」『常葉大学教育学部紀要』37: 157-175.

第4章
外国につながる児童生徒の数学学習の
課題と可能性：神奈川県横浜市の事例より

概要

　グローバル化が進み、国境を越えた移動や居住は驚くことではない。日本でも同様の動きが起こり、在留外国人は276万人に上る（2020年現在）。これに伴い、義務教育相当年齢の外国につながる児童生徒の学習について様々な課題がある。文部科学省（以下、文科省と略記）(2019)によれば外国につながる児童生徒の中には、日本語が十分にわからないまま学校で授業を受けている子どもも少なくない。このことに対して文科省や地方自治体は様々な方策を講じているが、実態に追いついていないのが現状である。また、数学教育の視点から、国際的には子どもがどのように多言語・多文化の状況において学習を行っているのかについて一定の研究上の蓄積があるものの、日本においては研究課題にも上がっていない。外国につながる児童生徒が問題を抱えているのに対して、このことは深刻な問題である。これらのことから、本章の目的は外国につながる児童生徒の数学学習の現状や課題を、先進的な取り組みをしている神奈川県横浜市の事例を通して明らかにすることである。

問い

1. 外国につながる児童生徒たちのための学校内外の取り組みは何か。
2. 外国につながる児童生徒の数学学習の現状や課題は何か。

第1節　日本における外国につながる児童生徒を取り巻く状況
　文科省によると、日本語指導が必要な外国につながる児童生徒数や彼ら

が在籍する学校数は増えてきている（図4-1から図4-4参照）。例えば、図4-4から日本語指導が必要な日本国籍の児童生徒が在籍する学校数は平成30年度において3,696校あり、年々増加していることがわかる。また、図4-3からも日本国籍でも日本語の支援が必要な外国につながる児童生徒が一定数（例えば、図4-3より平成30年度では10,371名）おり、年々増加している。文科省総合教育政策局によると、日本語指導が必要な外国籍児童生徒の母語別在籍状況として、多い順からポルトガル語、中国語、フィリピノ語、スペイン語、ベトナム語、英語、韓国・朝鮮語と幅広い。このことから米国や豪州のように移民が多く一般的に多文化・多言語が自認されている国ほどではないにしても、多言語状況が日本においても見られる。

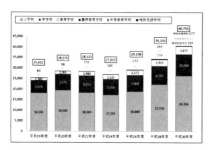

図4-1. 日本語指導が必要な外国籍の
　　　児童生徒数

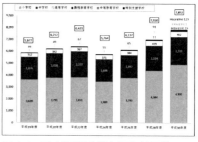

図4-2. 日本語指導が必要な外国籍の
　　　児童生徒が在籍する学校数

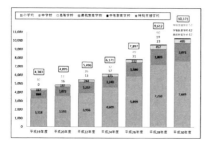

図4-3. 日本語指導が必要な日本国籍の
　　　児童生徒数

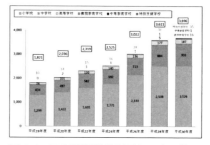

図4-4. 日本語指導が必要な日本国籍の
　　　児童生徒が在籍する学校数

出典（図4-1から図4-4）：文科省総合教育政策局ホームページ

これらの外国につながる児童生徒に関わる法律の一つとして 2019 年に日本語教育の推進に関する法律が施行された。彼らの日本語の学習に国が責任を持つ法的根拠となるものである。それ以前にも、例えば 2014 年には「特別の教育課程による日本語指導（日本語の能力に応じた特別の指導）」が、2015 年には「学校における外国人児童生徒等に対する教育支援に関する有識者会議」が開催された。その他にも現行の小中学校の学習指導要領において、習得の程度による、個に応じた指導の充実が図られるべきことが示される。多様な背景を有する外国につながる児童生徒に対しての指導が必要であることを示していると言える。

第 2 節　神奈川県横浜市の事例

2.1　横浜市の教育行政の概要

　ここではグローバル化の影響を色濃く受け、また他の都道府県と比較しても、外国につながる児童生徒に対するさまざまな先進的な取り組みを行っている神奈川県横浜市に注目する。2022 年 1 月時点で横浜市の人口は 377 万人である。そのうち、外国人は 99,000 人と全体の約 2.6% を占めており、その国籍は 154 か国に及ぶ。横浜市では横浜港開港以来、中国や韓国・朝鮮をルーツとする人々が臨港地区を中心にコミュニティを形成してきた。その後、1990 年の出入国管理及び難民認定法（入管法）の改正を契機に、南米にルーツをもつ日系外国人が増加した。2010 年以降、リーマンショックや東日本大震災の影響で一時的に横浜市の在留外国人の数は減少に転じたが、2015 年以降は再び増加傾向となっていた。その後、2019 年 4 月には外国人人口が 100,000 人を超えたが、2020 年以降、新型コロナウイルス感染症の影響を受けて、再び徐々減少に転じている。一方、2019 年の入管法改正で特定技能ビザが新設されたことから、コロナ禍が収束し、新規に入国する外国人が増えれば、今後も横浜市で生活をする外国人の割合はさらに増加すると考えられる。

　横浜市における外国人人口の増加と定住化が進むにつれて、学校現場においても外国につながる児童生徒が増加している。2019 年 5 月現在、横

浜市立の小中学校合わせて、103 か国、10,103 人の外国につながる児童が在籍し、10 年前の 2009 年の 5,825 人と比較して約 1.7 倍に増加した。外国につながる児童生徒のうち、日本語指導が必要な児童生徒は、2,705 人おり、こちらも 10 年前の 1,278 人と比較して約 2.1 倍に増加した。

　これらを背景として、横浜市における日本語学習支援の取り組みは多岐に及ぶ。小中学校における取り組みには国際教室の担当教員の追加配置や、児童生徒支援非常勤講師や外国語補助指導員の配置、横浜市日本語教室、母語を用いたボランティア支援、保護者対応における学校通訳ボランティア等がある。ここでは算数数学の学習指導に関連する通常授業から児童生徒を取り出して学習指導を行う国際教室の取り組みに注目する。

2．2　横浜市の公立校における国際教室の状況

　横浜市の国際教室では日本語指導、教科指導、学校生活への初期適応指導等を行っている。国際教室は、そこに通う児童生徒が学び合い、楽しく安心して学校生活を送ることができるように支援する場であることに加えて、外国につながる児童生徒とその他の生徒が交流し、相互に考え合う機会を提供している。外国につながる児童生徒で、日本語での学習に課題がある児童生徒について、教師、児童、保護者が話し合い、支援の必要について合意をした上で個別の指導計画を作成し、国際教室での指導を行うことが一般的である。国際教室で日本語指導が必要な児童生徒数が 5 名以上の場合には、指導を担当する教員（国際教室担当教員）を 1 名配置している。また、各学校における児童生徒の状況から 2 名以上の加配が必要だと認められた学校には最大で 4 名の国際教室担当教員が加配され、それでも足りない場合には、非常勤講師や児童生徒の母語が話せる外国語補助指導員が加配されることもある。日本語指導が必要な児童生徒が 4 名以下になると、国際教室はその学校からなくなる。実際には国際教室の担当教員が 1 名の学校が多く、横浜市旭区、栄区では国際教室が少ない。2015（平成27）年度では国際教室の配置校が 71 校（小学校 54 校、中学校 17 校）であったのに対して、2019（令和元）年度では 141 校（小学校 112 校、中学校 30 校）まで増えた。現在、国際教室には 300 名近く担当教員がおり、小

学校の教師が多数である。国際教室担当者は、外国籍児童生徒が在籍する学級（母学級と言う）と協力・連携して、児童生徒の取り出し、場合によっては、国際教室で学習内容の先取りや補習的指導を実施する。

　ここからは横浜市立小学校内に開設された日本語支援拠点施設の日本語支援アドバイザーへの聞き取りにより、横浜市の国際教室の現状を明らかにする。日本語支援アドバイザーは他の小学校教諭と同様に小学校に所属するが、他の小学校や国際教室を巡回し、2021 年 4 月以降、20 校の国際教室を新規に立ち上げているとのことである。中学校に所属する日本語支援アドバイザーもいる。

　国際教室での教科指導の方法にも幅がある。教科学習が中心となる学校もあるが、学校により何の教科を指導するかは変わってくる。例えば国語・算数を学習すると決めて、母学級から児童生徒を取り出して指導する場合もあれば、国語のみ、算数のみと指導する教科を決めて指導する場合もある。内容を狭めなければ国際教室の担当の教師が 1-6 学年全教科の内容を網羅しなければならず、現実的には指導が難しい。ある小学校の例では、4 月に国際教室の教師が受け持つ学年や児童を決め、国語・算数を全て取り出して国際教室において授業を行っている。これには、時間割を明確に決めているため母学級の担任や児童が行動しやすいという利点がある。例えば、取り出しの時間が複数の児童で重なる場合には、日本語指導が必要な児童や高学年の児童への指導を優先するということを決めていた。

　国際教室の課題は算数を含めた教科指導である。基本的には教科書を用いて授業を行うが、児童の現状に合わせて教師による自作教材やプリント等も用いている。ある学校では、1-6 学年合計 20 クラスから、1 名ずつ児童が国際教室に来ると、クラスの学習内容の進行がそれぞれ異なるため、国際教室で指導することが困難であり、教師にも経験や力量が求められる。また、国語や算数に関して日本語指導を先に行い、次に教科内容の指導を行うという順序では、学習内容を終わることができないため、指導内容を精査する必要がある。

　例を挙げると、図形（三角形、正方形、長方形）の性質を学ぶ新規の学習において、1 時限の授業で 10 個以上の日本語の新出単語を児童が覚える

のはとても難しいため、指導する語彙を限定する必要がある。後の学習で「三角形」「四角形」という単語は繰り返し出てきて、児童が覚えることができるので、直線、辺、頂点等の単語の意味を具体的な例を使って把握させることが先決である。他に、2年生のかけ算についても、かけ算九九の「七四（シチシ）」や「九四（クシ）」といった独特の数の呼称を把握することが難しい。日本の小学校に中途入学する児童に対しては小学校卒業時にようやくかけ算九九の習熟が可能になる場合も少なくない。3年生で来日したフィリピノ語を母語とする児童の例を挙げれば、国際教室で1年次に学ぶ5の合成・分解について学習を始めた。3年次であっても、10の合成・分解についてはわからなかった。その1年後にようやく10の合成ができ、かけ算九九に関しては、5年生になっても習熟が難しかった。このように学習内容と児童の日本語能力と算数の能力が対応していないため、個別の対応が求められる。

　このことから、日本の算数の教科書を参照することで、言語的な側面により算数の学習の難しさについて検討する。

(1) 日本語の特徴

　日本語は主語がなくとも、意味が通じる場合がある。言語学においてこれは文法項の省略の一つである（鈴木, 2008）。例えば1年生の教科書（大日本図書, p.41）では「あわせるとなんびきになりますか」という問題が示されているが、何が何匹になるのか、文章のみでは判別が不可能である。そのほかに「しきをかいてこたえましょう」という問題は「チューリップはあわせるとなんぼんになりますか」という意味だが、日本語能力に課題があると、文章のみで問題を把握することが難しい。

　数詞の問題もある。日にちを例に挙げると「ついたち、ふつか、みっか、よっか、いつか」というように漢字の読み方を覚えても、「いちにち」と「ついたち」が同じであるという判別が難しい。学校によっては日付や曜日にふりがなを振ったり、国際教室の算数の授業でも特に低学年に対して、難しい専門用語や初出の漢字にふりがなを振ったりすることは日常的に行われている。

専門用語の漢字の難しさも学習の障壁になっている。小学校の算数科教科書で例えば、整数、筆算、積、等号、不等号、面積、頂点、未満等は頻出の語彙である。これらの漢字は、漢字文化圏で育った児童生徒でなければ、複雑で意味の把握が難しい。教育現場では児童生徒の様子を見ながら、何が難しいかを経験的に把握し、学習指導に活かしているが、今後、研究を通して体系的に整理する必要がある。

(2) 専門用語の概念的把握と言語の関連性

　概念的把握については大きく分けて2つの課題があると考えられる。それらは第一に日本語を母語とする児童生徒も含めた数学的な概念把握それ自体の難しさと、第二にそれに付加される言語的障壁である。第一の点については、例えば小学校算数科で言えば、2変数の関係を考える関数領域、中学校数学科では文字式を含む方程式全般、関数領域など、内容の抽象度が高まり、日本語を母語とする生徒であっても、学習の困難が想定される。第二の点については、第一の点に加え、日本語能力の限界により、他の児童生徒よりさらに概念習得が難しくなることである。例を挙げれば、日本語を母語とする学習者にとっては、小学校で学習する和や差は漢字から和は「合わせる」、差は「違い」といった内容を日常生活から連想でき、それゆえ記憶にも繋がりやすい。分数を例に挙げると、「同じ大きさに4つに分けた1つ分を、もとの大きさの四分の一といい、$\frac{1}{4}$と書きます。$\frac{1}{2}$や$\frac{1}{4}$のような数を分数といいます」という説明（東京書籍, 2019, p.85）からも、分数という漢字が「分ける」と結びつき、日本語を母語とする学習者にとっては、考えやすい。

　外国につながる児童生徒に対して各言語に分けて算数教材を開発している東京外国語大学多言語・多文化教育研究センターによると、算数の概念的理解と日本語の理解に関して、(1) 日本語重視の指導法、(2) 内容重視の指導法、(3) 内容先行・日本語後行の指導法の3点を指摘している。本センターではそのうち、(3) を推奨している。その理由として概念の把握に専念させ、児童生徒に安心感を与え、次に言葉の学習を行うことで全体的に学習が円滑に進むことが指摘される（東京外国語大学多言語・多文

教育研究センターホームページ)。

　先の三角形の例で触れたように、児童による用語の的確な把握と、用語を知らなくても概念を把握することを、個々の児童生徒の状況を見ながら、行っていく必要がある。例えば、学習者が面積や体積という用語を漢字で書けない、日本語で覚えられないという場合でも、まず、広さやかさの概念を指導し、経験的に把握させて、日本語能力がついてきたら漢字で書くことができるという順序で指導することは可能である。このように柔軟に対応すれば、例えば筆記によるテストで、面積という言葉を書くことが難しくても、面積自体を求めることが可能な児童も出てくると思われる。国際教室では日本語の指導も算数の授業の中で行う場合が多いため、まず概念を把握させて、用語については長い目を持って身に付けさせるという指導が行われている。

　このように横浜市における国際教室では外国につながる児童が抱える学習課題は少なくないものの、その他の児童生徒が「外国につながる児童生徒」についての理解を深めること、あるいは学校内の国際教室に特段興味関心がない教師も含めて、文化変容(acculturation)を起こしていくことが目指される。ここでいう文化変容とは、外国につながる児童生徒のみが日本の小学校に慣れるために変容する「同化」を求めるのではなく、彼らに関わる教師や他の児童生徒の考え方、学習環境、学校そのものも変容して、より良いものに変わる文化人類学的視点を指す。少数派である外国につながる児童生徒のみが日本のやり方に同化していくことを目指すのではなく、他の学習者や教師、学校学校を取り巻く地域全体が外国につながる児童生徒の受け入れを契機に変わっていくことを通して、公正(Equity)の達成に寄与できる。文化変容はこの視点からも重要である。

第3節　神奈川県横浜市における学校外の学習支援塾における
##　　　　中高生の数学学習の様子

　これまでに見てきたように、国際教室等における公的な支援はあるが生活支援も含め、学校内だけでなく学校外でも様々な支援・取り組みが行わ

れている。ここでは中高生に注目して、スペイン語を母語とする生徒が通う学習支援塾における生徒の数学学習の様子を述べる。本学習支援塾は、横浜市金沢区にあり、横須賀市や横浜市の小学校から高校に通う外国につながる児童生徒約20名が通っている。塾長はスペイン語を第二言語として話す日本国籍の男性である。彼は学習支援のみならず、保護者や大人の相談、ビザ取得等の支援も行っている。この調査では、筆者（中和）自身が日本語で学習指導を行うか、あるいは、塾長が日本語・スペイン語で学習指導を行う様子を観察し、生徒の学習の特徴を把握した。調査は2020年12月から2021年8月にかけて4回塾を訪問して行った。その際に、生徒の学習の様子を記録・録音したものを元に、学習の特徴が見られる部分を抽出した。

　調査許可を得た調査対象の生徒は3名で、2名の男子生徒のうち1名は2020年の調査当時は公立中学校の3年生（生徒A）、もう1名は2020年に高校入学後退学し、再度高校受験を行い2021年度からは別の高校に通っている（生徒B）。残りの1名の女子生徒は東京都内の私立高校に通う2020年当時2年生（生徒C）であった。学習指導の内容については生徒が希望するものを扱ったため、3名とも別内容であった。学習指導において筆者（中和）は日本語で実施、塾長はスペイン語と日本語を用いた。下記に生徒のバックグラウンドと数学学習の特徴や様子について整理したものを示す。

・**生徒A**：男性。両親はボリビア人で、家庭での使用言語はスペイン語である。日本語による会話はできる。人見知りをするが塾長とは信頼関係ができている。

　生徒Aは主に、多項式の計算を行った。分母・分子という用語を言うことができないが、分数の計算はできる。軽微なミスを除けば、計算を行うことはできた。分数のかけ算（小学校で既習）で複数回間違う。所々、式の構造を正確に書けない場面があった。分配法則を用いた分数の計算では $\frac{1}{2}(4x+2)+\frac{1}{3}(6x+3)=\frac{4}{8}x+\frac{2}{4}+\frac{6}{18}x+\frac{3}{9}$ と分数の乗法で間違いがあったり、$\frac{(x-3)}{2}\times 6$ といった分数式に対して困難を示したりした。そのほかには、符号のミス、単純な計算ミスの頻発が見られた。集中力がなく、30分ほど計算した後、学習中に寝てしまった。

- **生徒B**：男性。日本で生まれ育っていて、両親はペルー人のため、家庭での使用言語はスペイン語、学習言語は日本語である。性格は明るく、初対面でも自分の思いを話すことができる。日本語による会話はできるが、書くことと読むことが難しいという自己評価をしている。

　生徒Bは数学の文章問題が難しいと感じている。スペイン語と日本語両方で思考している。問題を解く際には、両言語でつぶやく様子が見られたが、日本語で学んでいるので、日本語が頭に自然に浮かぶと言っていた。学習内容は円周角の定理を用いて角の大きさを求める問題で、中心角が180度の問題は解くことができるが、そうでない中心角の問題に対して困難があった。

- **生徒C**：女性。両親はペルーとエルサルバトル出身で、日本で生まれ育っている。家庭での使用言語はスペイン語で、学習言語は日本語である。

　生徒Cは本人の希望で、高校の冬休みの宿題であるタブレットの問題集の整数の性質（小学校で学習した約数・倍数・素数等）、中学校で学習済みの方程式の箇所を解いた。既習の倍数や素数等については習熟できていない。計算においては数字の桁を揃えることができていない等、小学校の学習内容が習熟できていない様子が見られた。例えば、小学校で学習する数の性質について、素数、偶数、倍数といった概念把握が不十分で、奇数と偶数の区別が付いておらず、5の倍数をすべて偶数であると判断する様子が見られた。他には、百分率・割合の問題についても、困難さが見られた。1%の意味を正確に把握しているが、「1割」という言葉については、言葉自体を知っていても意味を把握できていない。また、生徒Cは文章問題について難しく感じていた。図4-5に示すように、連立方程式の解法の手順については把握している。一方

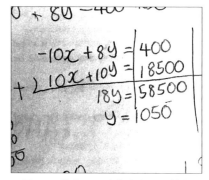

図4-5. 生徒Cの連立方程式の答案

で加法では位を合わせることができない場面もあった。

　これらの事例から、生徒の学習の困難性や特徴が個別で異なっており、一般化を行うことは難しい。3 名に共通していたことは既習概念の未定着や日本語の専門用語が把握できていない点である。しかし生徒 A や C に見られたように、日常会話は困難なくできるため、学習の困難が言語的なものによるものかどうかをすぐに指導者が判断するのは難しく、単に低学力だと判断される可能性もある。生徒 C のように日本語の用語は知っていても、概念習得ができていない場合もあるだろう。今後は多様である生徒のバックグラウンド、使用言語等と合わせて学習上の課題を丹念に明らかにしていく必要がある。

第4節　「全ての子どもたちのための数学」を目指して

　本章では横浜市を事例として、外国につながりのある児童生徒の算数・数学学習の様相や課題を明らかにした。数学の学習においては、国際教室の事例のように、日本語で「書くこと」、漢字の扱い、母語ではない日本語による概念習得が学習のハードルになっていることが明らかになってきた。今後、生徒の現状や課題を掘り下げながらも、算数数学の円滑な学習指導の方法を模索することが「全ての子どもたちのための数学」の達成には必要なことである。

謝辞

　本章の執筆にあたり、株式会社アイ・シー・ネットの山中裕太氏、株式会社 NIHONGO の永野将司氏、横浜市立鶴見小学校の横溝亮先生、学習支援塾の先生方、生徒の皆さまには大変お世話になりました。この場をお借りして心より御礼を申し上げます。

学習課題

1. あなたの住む自治体における外国につながりがある人々の生活の様子を共有してみよう。
2. 教授言語が母語でない場合に生じる学習課題について話し合い、自分がどのようにそれらを支援できるかを考えよう。
3. 算数・数学の教科書から、日本語を母語としない学習者が困難を抱きそうな箇所を抜き出してみよう。

引用・参考文献

鈴木佳奈（2008）「『なにかが欠けている発話』に対する他者開始修復——会話の事例から『文法項の省略』を再考する」『社会言語科学』10(2)：70-82.

東京外語大学多言語・多文化教育研究センターホームページ http://www.tufs.ac.jp/blog/ts/g/cemmer/social.html（2021年12月26日閲覧）

橋本吉彦他30名（2019）『たのしいさんすう1ねん』大日本図書.

藤井斉亮他85名（2019）『新しい算数2下』東京書籍.

文部科学省総合教育政策局「日本語指導が必要な児童生徒の受入状況等に関する調査（平成30年度）」の結果について（https://www.mext.go.jp/content/ 20200110_mxt-kyousei011421569_00001_02.pdf）（2021年10月19日閲覧）

さらに知識を深めたい読者のための参考文献

佐藤郡衛（2019）『多文化社会に生きる子どもの教育——外国人の子ども、海外で学ぶ子どもの現状と課題』明石書店.

池上摩希子、佐藤郡衛（2005）『小学校「JSL算数科」の授業作り』スリーエーネットワーク.

山脇啓造・服部信雄・横浜市教育委員会他（2019）『新多文化共生の学校づくり 横浜市の挑戦』明石書店.

第5章

外国につながる児童生徒に対する地方教育施策の現状と課題 ―群馬県大泉町の事例―

新井美津江

概要

　本章では、群馬県大泉町の事例から母語と異なる教授言語で学ぶ外国につながる児童生徒を取り巻く地方教育施策の現状と課題を考える。特に「公正 (equity)」の視点から現状を把握し、算数教育における課題解決の方向性を模索する。対象である群馬県大泉町は、近隣に富士重工業や三洋電機 (現パナソニック) などの工場と下請け会社を抱える北関東工業地域に位置している。そのため労働力不足からの外国人労働者の受け入れが始まり、就労目的の日系南米人が流入した。読売新聞に「日本語指導問題深刻　町立小の全校に特設学級を設置　外国人急増の群馬・大泉町」(1992 年 4 月 17 日) が掲載され、全国的にもいち早く注目を集めた町である。

　第 1 節では日本と大泉町の外国人増加の歴史的経過をたどる。第 2 節では大泉町の外国につながる児童生徒の課題を取り上げ、算数教育の現状と課題を捉える。そして第 3 節では「公正」の視点から算数教育の指導方法を考察し、学校教育の現場の取り組みを紹介する。第 4 節では今後の算数教育のあり方を探る。

問い

1. 第二言語で算数を学ぶとき、どのようなことが障害となるか?
2. 共生のための算数教育はどうあるべきか?

第1節　外国人増加の歴史

1.1　日本における外国人増加の歴史

　1970年代、ベトナム戦争終結前後にインドシナ難民（ベトナム難民、ラオス難民、カンボジア難民）の受け入れを認めたことにより外国人（日本国籍を有しない人）の増加が進んだ。これに対して1980年代の外国人増加は、バブル経済の好景気に伴う労働力不足が原因であった。これらの外国人はニューカマーと呼ばれ、それ以前のオールドカマーと区別されている。1990年には出入国管理及び難民認定法（入管法）が改正され、受け入れの2つのルートが開かれた。一つは外国人研修生、技能実習生の導入と拡大、もう一つは日本から海外に移民した人たちの子孫（日系外国人）の入国である。後者は主に日系南米人の家族が出稼ぎ目的で来日したことにより急速に外国人の増加につながった。南米からの移民は3961人（1986年）、71495人（1990年）、187140人（1992年）と急増していたが、その後は2007年をピークに減少し2010年代は横ばいである（図5-1参照）。

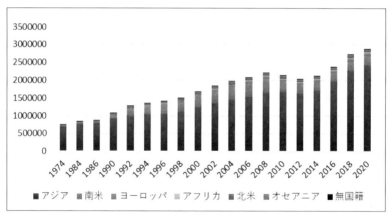

図5-1. 外国人総数の推移
（法務省ホームページ「在留外国人統計」を基に筆者作成）

　近年では技能実習生などの増加によりベトナムからの移民が2018（平成30）年末では在留外国人数の12.1％を占めた。2020（令和2）年現在、在留外国人は288万人を超えている（出入国在留管理庁ホームページ，

2020)。前章で触れたように、外国人労働者の増加に伴い外国につながる児童生徒の増加も顕著である。公立学校における日本語指導が必要な児童生徒数の推移（文科省ホームページ, 2021）では、外国につながる児童生徒＊については 2008 年から 2018 年の 10 年間で約 1.4 倍となった。

　＊第4章と同様に用いる。

　このように労働力の国際化の波は、望むと望まざるとにかかわらず居住地に影響を与え、生活、労働、教育といった場で様々な可能性とともに課題を生むことになる。

1.2　群馬県大泉町の外国人増加の背景と現在

　戦時中大泉町（当時は大川村）には、富士重工業の前身である中島飛行機小泉製作所があり徴用工として韓国、朝鮮、台湾の少年たちが働いていた。表 5-1 が示すように、1990 年以前の大泉町は韓国・朝鮮人の占める割合が高く増加傾向にあるが、構成に大きな変化は見られない。

表5-1. 入国管理法改正以前の外国人登録人口

	1965年	1970年	1975年	1980年	1985年
韓国・朝鮮	60	96	105	112	119
中国	5	4	0	6	6
アメリカ	0	0	2	2	5
その他	1	1	10	4	39
総計	66	101	117	124	169

（大泉町役場「統計おおいずみ」を基に筆者作成）

　しかし、1990 年以降南米からの出稼ぎ労働者が急激に増加した（図 5-2 参照）。

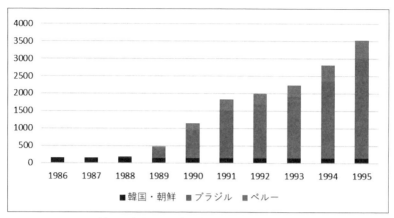

図5-2. 韓国・朝鮮人、ブラジル人、ペルー人の人口推移
（法務省「在留外国人統計」を基に筆者作成）

　大泉町はある意味「望んで」日系人を受け入れた町である。上毛新聞社
（1997）によれば受け入れのきっかけは、当時の真下正一町長が1989年
に「ブラジルにいる日系人に来てもらい、日本で働いてもらうことはでき
ないだろうか」と企業の社長に声をかけたことである。その翌年にはブラ
ジルに使節団をおくり、日系人の直接雇用の道を切り開こうとした。受け
入れの中心団体である東毛地区雇用安定促進協議会（以下東毛雇安協）は
当時200人余りの日系人の雇用を希望していたという。野山（1997）によ
れば、東毛雇安協が示す「雇用のための三大指針」①人間愛を基盤とし、被
雇用者の人格を尊重すること、②日伯親善に役立つこと、③単なる人手不
足解消と考えず、将来を展望して、雇用の継続ができるように努力するこ
と、を基盤として「町の一員として」「家族として」受け入れる姿勢が移民
を促進したという。

　2021年5月現在7896人の外国人が大泉町に居住している。これは町
総人口約42000人のうち約19％にあたる。国籍はブラジル（58％）、ペ
ルー（13％）をはじめネパール、ベトナム、フィリピンなど多国籍化が進
んでいる。ある小学校では28％（192人／686人）が外国籍児童である。

第2節　学校教育における外国につながる児童の課題

2.1　外国につながる児童を取り巻く課題

　外国につながる児童が約2割に達する大泉町は、多文化共生の実現に向けて保護者を対象とするものも含めて多くの施策を行ってきた（資料5-1参照）。それらは「日本語の習得」「交流の機会」「情報の共有」「教育」に分類できる。ここでは教育に関する課題に焦点をあて、大泉町がどのように課題に取り組み解決しようとしているか、外国につながる児童の教育に関係する方へのインタビューを基に記述する。

　大泉町では、出稼ぎ目的で来日した第一世代の子弟である第二世代の定住化が進んでいる。それにより「母国へ帰ることを前提とした就学」から「定住化による学校教育内の問題、とりわけ日本語の習得と進路の問題」がある。大泉町教育委員会作成資料「令和3年度　外国につながりを持つ児童生徒の教育について」によれば、小学校では適応指導（日本の学校に慣れる）と学習指導（日本語指導と教科指導）を行い、進路選択・職業選択、納税できる社会人の育成を目指した教育を展開している。

　日本語の習得に関しては、前述したように全国に先駆けて1990年に町内のすべての小学校に、1992年にすべての中学校にポルトガル語が話せる指導助手による日本語教室が設置された。現在は各小学校に1〜3名の日本語指導助手を配置し、人的支援の充実を図っている。また、2004年には多言語サロンが設置され、その後学校に入学する児童生徒、その保護者を対象とした入学・編入学時のプレ指導も実施するようになった。しかし外国人子女教育コーディネーター山田恵美子氏、日本語指導助手木下カリザ氏は、日本語の習得はもちろん将来の進路決定につながる学力や教科の学習において「個の把握」の必要性を語る。その背景には、児童の多岐にわたる教育歴（保護者の転勤による転校、就学しない期間の存在、ブラジル人学校における母語での学習経験）や様々な家庭環境や文化があるという。

　個の把握に対して大泉町は、2014年に学校教育法施行規則の一部改正により示された児童一人ひとりに応じた日本語指導計画などを基に、「個別の指導計画」（図5-3）を作成している。山田氏は特に図5-3中の「家庭内使用言語と状況」「在籍学校」「学習歴」の記録は大切であるという。外国

につながる児童は移動が多いため、学校に行っていない期間があるか、在籍した学校はどこか、どこで学んだのか（学んでいないのか）等、学習言語と既習事項などのカリキュラムを把握する、つまり学習のルートを知ることが重要であるからである。

　また個への対応は教師にも求められる。新倉（2011）は、学校現場での異文化接触への教師の戸惑いについて報告している（新倉，2011，p.38）。実際、大泉町の教師の異文化接触は多岐にわたる。宗教や思想信条に関すること、例えばイスラム圏の子ども達のラマダンへの対応、体育や水泳の参加、遠足や修学旅行への参加などへの配慮等である。このように教師は初めて対面する異文化に対して、理解できるが受容や対応が困難という現状にある。

2.2　算数学習の課題

　算数指導においても個の把握と個への対応は求められている。山田氏と木下氏は、算数学習における最も大きな課題は母国での学習内容と学習方法が日本と異なることに由来するという。例えば算数の九九の暗記や文章問題の理解など非常に困難である。ブラジルには九九がなく、二の段の暗記は２、４、６、８と２ずつ足していく日本と異なる学習方法をとっている。また日本語の語彙が少なく、算数で用いる言葉の理解が困難であることが算数の概念的な把握を妨げている。文章題において「たす」と書かれていないのに足し算で答えを求めることがわからない場合や、「ふえる」「あわせる」という概念が「たす」と同様の概念であることがわからない場合がある。これらは一例であり、他に多くの日本語に関連した算数学習の難しさがある。

個別の指導計画

指導要録ではないので、フルネームではなく、テストに書く名前で書くと

①作成年月日　令和　　2年　　7月　　3日

②作成者　（　　　　　　　　）

フリガナ	サンプル	④性別	⑤国籍	ブラジル	ブルダウンリストから選ぶ
③児童生徒名	さんぷる	女	⑥出生地	日本	
（通称）			⑦生年月日	2007　年　7　月　19　日	

⑧住　所	〒370-0535　大泉町　寄木戸○○○

⑨入国年月日	年　　月　　日	⑩受入学校名（年月日）	西小学校 6年生　　年　　月　　日

⑪家族構成	続柄	氏　名	国籍	日本語理解の状況（翻訳・通訳が必要なら○）		連絡先・その他
				文書翻訳	面談等	
	父	△△　△△	ブラジル	○	○	080-　　スバル2交代勤務　来日20年
	母	□□　□□	ブラジル	○	○	
	姉	◇◇　◇◇	ブラジル	○	○	

同居の家族のみを記入　　　ブルダウンリストから選ぶ

携帯番号は必須　保護者が連絡先を持っていない場合は、友人や通訳など、連絡が取れる人を必ず確保しておく。就職先を連絡先にすると突然変更

⑫家庭内使用言語と状況	父	ポルトガル語
	母	ポルトガル語
	姉	日本語

家庭内言語は、基本的に共通した母語があるが、国際結婚であったりすると、どちらかの言語か、つたない日本語の場合がある。また家族の中で、基本とする母語が違

学年	小1	小2	小3	小4	小5	小6	中1	中2	中3	備考
年度	平成25年度	平成26年度	平成27年度	平成28年度	平成29年度	平成30年度				ブルダウンリストから選ぶ。または記入する。母国の学校の場合は、私立・公立の別
⑬在籍学校	ブラジル人学校	ブラジル人学校	ブラジル人学校	ブラジル人学校	ブラジル人学校	西小				

⑭生育歴・学習歴	外国の保育園・幼稚園等に通っていた	小5 3学期～小6 6月まで不就学状態

母国・日本での状況　公立・私立幼稚園や保育園名を具体的に記入

教育の空白期間があるときは必ず明記する

支援状況		
	学校外	塾（公文でひらがなを学習）
		国際交流協会で日本語学習

日本語習得のための学習状況を把握して、今後の学習計画の参考にする

⑮進路希望	本人	日本で進学・就職	保護者	日本で進学・就職

日本の学校進学や帰国希望かなど中学卒業後の希望など

⑯その他（健康・食生活・宗教・集金・趣味・特技・部活など）	宗教上給食の制限	
	アレルギーがある	アレルギー、宗教からくる食べられない食品、などは正確に聞き取り、他との情報交換をする必要があるか判断する。趣味や特技、好きな教科などは必ず聞き取り、今後の学習に役立てる。
	日本の学校への不安が大きい	
	算数・ダンスが得意	

図5-3. 個別の指導計画
（様式1大泉町版）

第3節 「公正」の視点からみた算数教育

3.1 「公正」について

　まず「公正」の一般的な意味について確認する。比喩的に説明しよう。野球の試合をフェンスの外から様々な身長の人が様々な高さの台座の上に乗って観戦している。平等であれば同じ高さの台座に乗るべきだが、「公正」であれば一人ひとりの身長の高さに応じた台座を用いることにより、全員が観戦の機会を得られていなければならない。これを外国につながる児童と日本語を母語とする児童に当てはめると、同様の教育環境で学んでも外国につながる児童に適した指導法を行わなければ「公正」であるとは言えないのである。

　それでは日本語が不得意な外国につながる児童に日本語の習得を支援すれば「公正」な教育といえるのだろうか。竹内（2017）はこれまでの適応教育は「同化」になっていると指摘している（竹内, 2017, p.102）。同化とは、外国人に日本語を習得させ、日本人の方法で教科内容を学ぶことである。同化ではなく共生とするためには「公正」の視点が重要で、日本人も多様性に応じて変わる必要がある。なぜなら同化には外国につながる児童の経験を考慮せず、日本人に合わせる教育をしようとしているからである。外国につながる児童には母語による言葉の理解があり、母国における学習内容や学習方法がある。これらを無視して「公正」な教育を行うことはできない。

　共生のためには、志水（2017）が述べるように「外国人の子ども達の日本の学校への適応から外国人の子ども達に対して日本の学校がどう適応しているかという見方の転換」（志水, 2017, p.115）が必要である。ここにも前章で述べた文化変容に通じる見方がある。

3.2 個に対応する算数指導法

　ここでは日本語学級における算数の指導実践例を紹介する。特に「公正」の視点から、外国につながる児童の特性を知り、それに対応した指導法をとりあげる。(1)(2)は山田氏から、(2)-(4)は市川氏からのインタビューや実践から抜粋した。

(1) 擬音語と動作の活用

1990年代のかけ算九九の指導法には「算バ」という指導法がある。これはブラジル人のリズム感のよさに着目し、九九を音楽とダンスで暗記させるというものである。また、たし算は「ガッチャン」「バッチン」、ひき算は「シュッ」「バイバイ」という擬音語と動作を組み合わせて指導している。これは第1学年の日本人児童にも活用される指導方法であるが、「たす」という言葉の概念が獲得されていない段階では、どの学年でも有効な方法であるといえよう。

(2) 先行学習

かけ算九九は通常の学級より先行して暗記させている。言葉が難しいゆえに定着率は低いという。たとえば8は「はち」「ぱ」「は」など読み方が複数あったり、九九になると40は「しじゅう」と読み方が変わったりするなど、外国人児童にとって音と記号が一致せず定着が困難になっていると考えられる。これについては、読み方をまずは統一的に扱い、児童生徒が慣れてから複数の読み方を示すという考え方がある。

また個人の教育歴によっては、例えば「合同」の授業に入るとき、基本的な用語である「辺」や「角」という言葉を知らない、あるいは学習していない場合がある。その場合、事前に具体物を用いて言葉の意味を理解させておく必要がある。これも前章でも述べたように、算数の用語を知らなくとも、概念を把握させることを優先的に行うという指導が行われている場合もある。多様な児童生徒に対応するために選択的に教科指導を行うということは、今後さらに検討されても良いだろう。

(3)「なぜ」を問う授業

日本語学級の教科の学習には、2つの目標(教科としてのねらいと日本語の習得)がある。市川昭彦氏は試行錯誤を重ねながら、少ない日本語の語彙数で算数の思考を深めさせるために、あえて結論を提示し「なぜ」を問う授業を行っている。例えば、繰り上がりのあるたし算の筆算の指導では、通常筆算の仕方を考え手順をまとめることが普通である。しかし外国につながる児童に対しては、あえて筆算の方法(結論)を提示し、「なぜ左上に小さな数字を書くのでしょう。理由を教えてください。」と問う。児童

らが「大きく書くとほかの数字と混ざってしまうから」と日本語で説明することにより、日本語での表現力が身に付き、算数に関しても考えさせることができることを意図している。

(4) 動作化などの「体験」による用語の概念形成

　市川氏は「分数」「分母」「分子」という用語の説明を、実際に肩車をして下が母、上が子として概念形成を図っている（市川・高木，2014，p.195）。またあまりのあるわり算の指導では、「つかみ取り大会」というゲームでつかみ取れた数を同じ数ずつ分ける操作活動を行った。「まだ分けられる」「もう分けられない」「わりきれる」「わりきれない」などの用語や「あまり」の概念を分ける体験を通して身に付けさせている（市川・高木，2014，p.199）。

３.３　外国につながる児童の算数教育の展望

　日本語を母語としない児童を、どのように「学び」に参加させたらよいだろうか。2001 年から文科省は JSL（Japanese as a Second Language）カリキュラムの開発に取り組んできた。その特徴は「活動ベースのアプローチ」（実際に教室での学びに参加しながら日本語で思考を整理・展開する経験を子どもに提供するもの）である。つまり、日本語を対象として学ぶのではなく、日本語を用いて思考する経験を重視しているのである。ここでは JSL カリキュラムの「教科志向型 JSL カリキュラム算数科」の実践例から、今後の算数教育のあり方を考える（文科省ホームページ，2003）。

　「比」の指導（資料 5-2）では、問題「ちょうどいい味のジュースと同じ濃さのジュースを班の人数分作るにはどうすればいいでしょう」という課題を解決するために、問題の把握、解決の計画、計画の実行、結果の検討の活動ステップが示されている。解決の計画場面では「同数倍することで同じ味が作れることを見通し、計算して 2 量を決める」ために、「ちょうどいいジュースを作るには、どうすればいいですか」「何か知りたいことはないですか」というアクティビティ・ユニット（Activity Unit: 思考操作の最小単位と複数レベルの日本語表現をセットにしたもの、以下 AU）が明示されている。これは 2 量を決めるために「情報を収集する」という子どもの思考

操作に対して、その思考操作を可能にする日本語「〜を調べるにはどうすればいいですか」を明示している。この実践例を通常の算数指導の観点からみてみたい。

　算数教育では「数学的活動を通して」知識や技能、思考力・判断力・表現力、そして態度面を育成することが目標とされている。「比」の実践例でも、ジュースの味を確かめるために実際に飲んだり、水の量やジュースの量など必要な情報を考えたりしている。このように算数科の目標に沿った数学的活動が組み込まれており、通常の学級でも取り組める内容となっている。また様々な障碍を持つ児童生徒がいる中で、AU は、読み取りや聞き取りを苦手とする日本人児童に対しても理解を深める上で効果的なものであろう。

　数学的活動を取り入れながら日本語で思考することを重視した実践には、個に応じた指導の中に、誰でも取り組める「ユニバーサル・デザイン」が包含されている。これは今後の算数授業のあるべき姿を示唆しているのではないだろうか。

謝辞

　本章の執筆にあたり、大泉町教育委員会様、外国人子女教育コーディネーター山田恵美子先生、日本語指導助手木下カリザ先生、市川昭彦先生には大変お世話になりました。この場をお借りして心より御礼を申し上げます。

【資料5-1】 外国人・外国人児童に対する行政の取り組み

年	大泉町の取り組み
1989年	東毛地区雇用安定促進協議会の結成
1990年	ブラジルへ使節団派遣 町内小学校に日本語学級を設置 グアラティングエタ市市長一行が国際親善のため来訪
1991年	日伯センター設立 有志による「サンバパレード」の実施
1992年	町内中学校に日本語学級を設置 ポルトガル語版広報誌「GARAPA」発行 ブラジルグアラチンゲター市と姉妹都市を締結
1995年	国際交流課新設 民間の大泉国際交流協会発足
1998年	外国人を含めた地区別三者懇談会実施
2001年	「サンバパレード」の中止
2004年	多言語サロン（毎週土曜日）開設
2005年	「国際交流課」を「国際政策課」と名称変更
2007年	多文化共生コミュニティーセンター開所 サンバフェスティバル開催
2017年	多言語サロン（毎週火曜日）開設 就学時前外国人受講
2020年	第五次大泉町総合計画

【資料5-2】「比」の指導（文科省ホームページ）

	活　動　　　　　　○教材	AU・表現
問題を把握する	1）導入、学習課題をつかむ 　濃さの違う3種類のジュースを飲んで、濃い順に並べろ。 　　　　　○ジュース、コップ ちょうどいい味のジュースと同じ濃さのジュースを班の人数分作るにはどうすればいいでしょう。	C-8　比べながら観察する③ ・どれが濃いか薄いかわかりますか。 ・これとこれはどっちのほうが濃い？ ・濃い順に並べてみよう。
解決の計画を立てる	2）同数倍することで同じ味が作れることを見通し、計算して2量を決める 　ちょうどいい味のジュースと同じ濃さのジュースを班の人数分作るにはどうすればいいか、必要な情報は何か考える。 　濃縮ジュースの量、水の量、班の人数で計算する。	E-1　情報を収集する① ・ちょうどいいジュースを作るには、どうすればいいですか。 ・何か知りたいことはないですか。 ★D　操作する ・ジュースの量と水の量を計算しましょう。
計画を実行する	3）実際に作って味見をし、できたジュースの味と計算の結果を関連づけて確かめる 　ジュースを作って、飲んでみる。 　　○濃縮ジュース、水、コップ 　　　計量カップ 確かめるときは、どんな手順がよいだろうか	★D　作業の仕方に着目する ・飲んで、確かめてみましょう。
実行した結果を検討する	4）「比」の表し方を知る 　「同じ味にする」ためには同数倍すればよいことを理解する。 　ジュースの濃さを数で表すことができないかを考える。2量の割合を「比」で表わす方法を知る。 5）「等しい比」を理解する 　2つの比10：50、50：250の間には、どんな関係があるのか調べ、1：5とも表せることが分かる。 「等しい比」を見つける練習をする 　　　　　○数字カード 　　　◎ワークシートでまとめる いきなり数で答えるのは難しいとき、何か親しみやすいモデルは？	J-5　結論づける② ・そう考えた理由は何ですか。 ・どうして、そう考えたのですか。 F-6　命名する① ・〜は〜と言います。 H-2条件的に考える② ・Nだったら、比はどうでしょう。 K-5　わかったことを表現する③ ・わかったことを言ってください。

学習課題

1. 大泉町の取り組みの中で「公正」の視点をもった政策はどれか考え、その理由を述べてください。
2. 算数科の実践例において、「公正」の観点からの工夫をあげ、その効果を考えてください。

引用・参考文献

市川昭彦・高木光太郎（2014）「多文化的背景をもつ小学生のための算数・理科授業」、梶原知美編著『算数・理科を学ぶ子どもの発達心理学』ミネルヴァ書房：191-216.

大泉町役場（1985, 1989）「統計おおいずみ」.

志水宏吉（2017）「第5章教育と学校　03日本の学校のなかで」『外国人の子ども白書』明石書店：113-115.

出入国在留管理庁（2020）https://www.moj.go.jp/isa/policies/statistics/toukei_ichiran_touroku.html

上毛新聞社（1997）『サンバの町から　外国人と共に生きる　群馬・大泉』上毛新聞社.

竹内愛（2017）「外国人児童の教育支援のあり方　群馬県南東部を事例として」『共愛学園前橋国際大学論集』17：91-105.

野山広（1997）『第2章外国人労働者への制作　第二節太田市・大泉町』、駒井洋・渡戸一郎編著『自治体の外国人政策　内なる国際化への取り組み』明石書店：181-216.

新倉涼子（2011）「『公正さ』に対する教師の意識、解釈の再構成―多文化化する日本の学校現場における事例から―」『異文化間教育』34：37-51.

法務省ホームページ「在留外国人統計」https://www.moj.go.jp/isa/policies/statistics/toukei_ichiran_touroku.html

文部科学省ホームページ『『比』の指導』https://www.mext.go.jp/component/a_menu/education/micro_detail/__icsFiles/afieldfile/2015/09/29/1235760_002.pdf（2022年2月28日閲覧）

文部科学省（2021）「外国人児童生徒等教育の現状と課題」https://www.mext.go.jp/content/20210526-mxt_kyokoku-000015284_03.pdf（2022年2月28日閲覧）

さらに知識を深めたい読者のための参考文献

加藤ゆかり（2019）「群馬県大泉町における日系南米人のライフヒストリーと居住環境」『地理空間』21(1)：37-51.

佐藤郡衛（2019）『多文化社会に生きる子どもの教育―外国人の子ども、海外で学ぶ子どもの現状と課題』明石書店.

第6章

首都圏のある公立高校における
国際バカロレアの英語による数学の学習

木村 光宏・中和 渚

概要

　本章では「卓越性のための数学（Mathematics for excellence）」の視点から、国際バカロレア（International Baccalaureate: 以下 IB）に注目する。特に公立高校の日本語を母語とする生徒の英語教授による、数学の学習に着目する。公正という視点からは「成績下位者」に目が行きがちだが、「成績上位者」にも同様に注目する必要がある。

　IB の教育プログラムの中でも、日本の高等学校の教育段階と対応するディプロマプログラム（Diploma Programme: 以下 DP）に着目すると、近年公立校でも実施が始まり、日本語と英語で授業を実施するデュアルランゲッジ・ディプロマプログラムによって教授言語に英語を採用する数学授業も増えてきている。日本国内の IB 実施については 2 科目以上を英語で学習することになっており、数学はそのうちの 1 科目として選ばれる場合が多い。日本の公立校では日本語を用いた教授が行われるのが普通であったため、このような教育現象はこれまでに見られず、新規のもので、数学教育の視点からはほとんど研究が行われていない。第 4, 5 章とは異なり、日本語を母語とする生徒が日本語と異なる教授言語で学習するが、母語と学習言語の関係という観点からは類似している興味深い現象である。ここではどのように公立校の生徒が英語で数学を学習しているのか、彼らの背景や心情、学習達成度や課題も含め明らかにすることを目指す。

問い

1. 公立高校における IB の数学学習の様相はどのようなものか。
2. 英語を用いた生徒の数学学習に対する心情はどのようなものか。

第1節　IB の各種プログラムと教科内容

　IB は国境を越えて教育を受ける学習課題を解消するものとして、1968年にヨーロッパを中心に導入された国際的な教育プログラム及び大学入学資格である（国際バカロレア機構, 2014）。 IB の認定を受けた学校は159 以上の国・地域で約 5400 校に及ぶ。日本でも IB のプログラムを小学校以降で 175 校が実施しており、このうち 15 校が公立校である（2021年 1 月時点, 文科省ホームページ）。文科省は IB を推進しているため、今後公立校での実施も増えていくことが予想される。IB は総合的な教育プログラムで就学前教育から高校（3 歳から 19 歳を対象）までの一貫したカリキュラムモデルを提供している。小学校以降の教育プログラムとしては 3 つの教育プログラムがある。それぞれ初等教育プログラム（Primary Year Programme）、中等教育プログラム（Middle Year Programme）、ディプロマ資格プログラム（Diploma Programme）といわれ、それぞれ日本の小学校、中学校、高校におおよそ対応している。IB の数学学習において特徴的なこととしては、グラフ電卓の積極的な使用、知の理論（Theory of Knowledge: TOK）における数学の学習等が挙げられる。IB の目的や内容については『国際バカロレア（IB の教育とは?）』（国際バカロレア機構, 2014）に、数学カリキュラムについての詳細は『「数学:解析とアプローチ」指導の手引き』（国際バカロレア機構, 2020）や植野・星野・西村（2009）、内野・西村（2015）等に詳しく述べられている。

第2節　これまでの研究の整理

　国際的には多言語環境で数学を学習する児童・生徒は少なくないため、様々な研究成果を確認できる。ここでは数学学習と言語についての研究を紹介したい。数学と言語の結びつきについて Anthony & Walshaw（2007）は、数学は言語との結びつきが強く、数学の学習で成功するには生徒は数学的な言語を把握し、使用できなければならないと述べ、数学における言語の影響の大きさを指摘している。また Kester-Phillips, Bardsley, Bach & Gibb–Brown（2009）は数学の問題を解く際に、非母語話者の学習者は英

語を理解するのと同時に、英語で書かれた数学用語の情報処理をしないといけないと述べ、数学の文章を読むことは通常よりも負荷がかかることを指摘している。第二言語で文章題を解くことについて、Martiniello（2008）は文章題を解く際の、生徒の困難について研究し、知らない単語の影響は小さく、全体の文章が長い時の方が、生徒のパフォーマンスに影響を与えることを指摘した。

　このように海外では様々な研究が行われているが、日本の数学教育において、日本語を母語とする児童・生徒が英語で学習を行う際の数学学習についての課題や可能性についてはほぼ扱われてこなかった。そのような中、筆者らのこれまでの研究から日本の生徒たちに関して、以下の3点について明らかになってきた。

　第一に、英語で学習を始めたばかりの高校1年の生徒は英語を十全に把握できていないこと、日本語での数学学習における語彙の習得等が不十分になること等について生徒自身が学習に不安を感じている。第二に、IBで用いられる教科書やワークブック等の構造や内容は日本の数学教科書と異なる。IBの教科書には多様な文脈が設定されており、それらが学習者の学習過程や成果に影響を与えていると推察される。第三に、英語による学習を続けて英語の習得が進めば、数学での課題は言語の影響が少なくなる。高校1年生の生徒が学習を開始した当初と、10ヶ月後の学習達成の様相について検討すると、学習開始時には専門用語や一般的語彙の把握の難しさが問題を解く際に影響を与えていた。一方で、10ヶ月後の学習では、言語における難しさではなく、数学の概念的理解の難しさが問題になってくる。これらのことを踏まえて、本章では公立校の事例から、第一の点に関連して学習に対する不安を持つ生徒のバックグラウンドを知るとともに、第二の点に関係してIBで使用される具体的な問題を示す。そして第三の点と関連して、その問題の解答の様子から、生徒の学習の様相や課題を実証的に明らかにする。これらを通して、IBに関する数学教育研究をより推進する。

第3節　首都圏の公立高校の事例：
生徒の背景や英語で数学を学ぶ心情、学習の様相

　ここではIBを実施している公立高校A校の事例から上記の課題に近接する。A校の教育課程では理系・文系の両方の履修ができるようIBコースを設置している。他のIB認定校と比較するとこのIBコースは比較的多い人数を受け入れている（約20名）。IBコースにおける英語科と数学科は1年次より教授言語として英語を用いている。また、他科目は日本語で実施されているが、教材の多くが英語やスペイン語などの言語でしか発行されていないことから、英語のテキストや教材を生徒が購入し、教師はそれを効果的に活用する授業が展開されている。これらのことからIBコースの多くの科目で日本とは異なる言語状況での授業実施がなされている。

　A校のIBコースではどのような背景を有する生徒が学んでいるのかを捉えるため、言語状況に関する質問紙調査を2019年5月に高校1年生23名（男性5名、女性18名）を対象として実施した。下記、簡単に結果を示す。授業外で友達と通常使っている言語について、生徒は日本語を通常使う言語と回答し、海外在住歴が3年以下の生徒が18名とほとんどが日本語で学んできた（木村・中和, 2021）。海外在住歴について期間、場所および年齢について表6-1に結果を示す。

表6-1. 生徒の海外在住期間 (n=23)

	在住期間	人数（在住経験のある国）
①海外在住歴のない生徒	なし	14名
②海外在住歴のある生徒	1-3年	4名（アメリカ3名、カナダ1名）
	4-7年	4名（アメリカ3名、韓国1名）
	8年以上	1名（アメリカ）

出所：筆者作成

　表6-1から海外の在住経験のない生徒が多く、在住歴のある生徒の中ではアメリカ在住経験がある生徒が多いことがわかる。上記の結果から、英語圏の海外在住歴が1-7年の生徒が7名おり、生活に必要な言語能力が

期待できる生徒は一定数いる一方で、英語圏の在住歴が 8 年以上の生徒は
1 名のため学習に必要な言語能力が期待できる生徒は少ない。

　次に、2 回の記述式質問紙調査を 2019 年 5 月、12 月にそれぞれ行っ
た。この 7 ヶ月での生徒の考え方の変化に注目する。表 6-2 にその結果を
示す。

表 6-2. 数学の理解状況分析項目の平均値（n=23）

	2019 年 5 月	2019 年 12 月	t 検定結果（p 値）
①数学授業中の英語の理解（単位：%）	M：68.7	M：80.4	0.016
	SD：21.6	SD：13.6	
②数学内容の理解（単位：%）	M：76.5	M：75.4	0.404
	SD：21.4	SD：11.4	
③日本語に比べ英語の理解にかかる　時間（単位：倍）	M：1.79	M：1.61	0.07
	SD：0.57	SD：0.54	

（M は平均値を、SD は標準偏差をそれぞれ表す。）

出所：筆者作成

　生徒の言語状況を把握するため、理解度の割合の変化（平均値）につい
て t 検定及び個別回答の分析を行った。2019 年 5 月では「①数学授業中
の英語の理解」の平均値が 68.7% だったのに対し、12 月には 80.4% とな
り、授業で使われる英語の理解について有意な差が認められた（p<.05）。
さらに、2019 年 12 月に、数学の理解の度合いが改善されたという生徒が
11 名、下がったという生徒が 4 名という結果となった。次に「②数学内容
の把握」については、2019 年 5 月の平均値が 76.5% であったが、第二回
調査の平均値は 75.4% とわずかながら減少したが、有意な差は認められな
かった。理解の程度が改善した生徒が 7 名、改善されず、下降した生徒が
10 名であった。英語の把握度は深まった生徒が多かったものの、数学に対
して課題を感じる生徒が多くいるという結果であった。このことはその間
に受けた学習内容に影響を受けているかもしれない。最後に「③日本語に
比べ英語の把握にかかる時間」については 2021 年 5 月の平均値が 1.79

倍で 12 月の平均値が 1.61 倍となった。2 回の調査で数学内容の理解に要する時間が減少した生徒が 10 名、増加した生徒が 3 名という結果から、減少したものの依然 1.61 倍ということなので、英語を把握するのに時間がかかることが分かった。

このように公立校に進学してくる生徒の中には海外の在住経験がなく英語を必ずしも流暢に話すことができない生徒もいることから、先に述べた英語による数学の学習に対して不安を持つ生徒がいると推測される。しかし、学習が進むにつれて、英語については慣れてくる一方、数学の学習自体に課題を感じている生徒が出てくる。このことについて次に具体例を示すことで検討したい。

第4節　IB コースにおける英語による二次関数の学習達成の様相

第 1 学年生徒に対して、2 次関数の問題を出題し、把握が困難であった語彙について記入させた。生徒が記述した解答用紙より、その学習成果や言語的な課題等について検討する。数学 I における 2 次関数の単元を終了した後にこの問題を出題した。調査対象とした A 校の IB 生徒（1 年次）は 5 年以上の期間を日本語で数学を学習してきており、日本語よりも英語での学習の方が時間がかかる生徒が多い。調査問題を図 6-1 に示す。実際には英文の問題を英語で回答させた。

ある神社では土でできたボールを地面のくぼみへ投げ入れ願掛けを行っている。
(To pray at a certain shrine, a ball made of soil is thrown into a hollow of the ground.)
地面から5mの高さの建物からボールを投げた。t秒後のボールの高さは h=−12t²+t＋5　の式で表される。
(A ball is thrown into the air from the edge of a building, 5m above the ground. The equation h=−12t²+t＋5 can be used to model the height of the ball after t seconds.)
問1　2秒後のボールの高さを求めよ。求め方を示しなさい。
問2　ボールが地面につくまでの時間を求めよ。解法を示しなさい。
問3　ボールが最も高くなる位置を求めよ。解法を示しなさい。

図6-1. 質問内容の日本語訳

問1はt = 2を代入して高さを求める基本的な問題である。問2は地面につくということをh = 0と考え、解の公式を用いてtの値を求める問題とした。問3は高さが最も高くなるときを求めさせる問題で、平方完成して頂点を求めて、最もボールの位置が高いときの玉の高さを求めることが期待される。どの問題も数学的な知識・技能に関しては基本的な問題である。調査問題の結果を表6-3に示す。

表6-3. 調査問題の結果

	平均値	標準偏差
問1 (2点満点)	1.75	0.53
問2 (2点満点)	0.54	0.66
問3 (2点満点)	0.42	0.83
合計 (6点満点)	2.71	1.55

　次に、図6-2から図6-4には生徒の解答例を示した。生徒の解答に加え、生徒が解答を確認した際の書き込みが記されている。

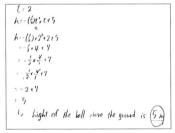

図6-2. 問1の典型的解答例

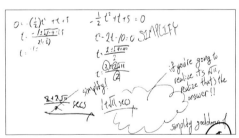

図6-3. 問2の典型的解答例

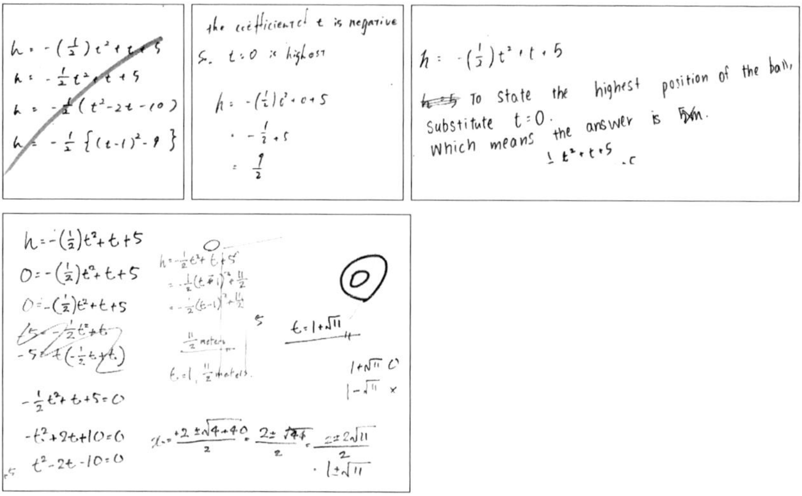

図6-4. 問3の誤答例

　表6-3より問1の平均点は比較的高いが、問2、3の平均点は高くない。問1では多くの生徒が与えられた二次関数の式に $t = 2$ を代入して正しい答えを導くことができている。問2では $y = 0$ として二次方程式を解の公式を用いて解くことが求められているが、誤答では $y = 0$ とした後の計算で躓いた。問3では正答した生徒は6名いたが、そのうち、平方完成を正しく行っていた生徒は2名のみで、あとは様々な値を求めることで y が最も大きくなる t の値を探索的に探した生徒や、途中の式がなく、考え方が不明の解答であった。問3の誤答として $t = 0$ として計算した生徒が3名、$y = 0$ としている生徒が1名おり、平方完成を行うこと自体に気づかなかった。その他、無回答の生徒が8名いた。これらのことから、問3に関しては、頂点の座標を求めるという基本的な問題であったにも関わらず、多くの生徒が難しさを感じていた。単語の読み取りや英語の文章の意味の読み取りにおいて躓いていると記述した生徒が多かった。単語の読み取りについてある生徒は「問題には直接関係ないけどSoilとHollowはわからなかった」と述べ、他の生徒もState, Calculation, Edge, Prayをわからない単語として挙げた。「1つ分からないと意味がとれなくなってしまう」と述べる生徒もおり、未知の単語によるつまずきの程度が数学の問題を解く際に影響

を与えていた。ここから生徒たちは数学的構造ではなく、単語や文章の読解について関心があることがわかる。

　解答と記述内容を対応付けると問1については、語彙がわからない場合であっても計算はできている場合が多かった。問2、問3では語彙がわからず解くことができなかった場合が少なくない。特に問3では平方完成をして頂点を求めるという二次関数の学習内容においては文脈がない問いであれば学習結果はこれよりも良かった可能性もある。しかしながら、文脈があったことに加え英語の説明も求められるため、生徒にとっては難易度が高かったようである。IBの学習ではこのような文脈のある問題が多く扱われる。

　別の研究でも応用的な問題の正答率は低く、文脈の適切な把握と数値の適切な使用について課題が指摘された（中和・木村, 2020）。また、第2節で示した第三の点に関連し、英語で学習を始めたばかりの時期には、英語で書かれた数学の問題における第1学年の学習達成度は軒並み低かったが、学習に慣れてきた時期には、数学の学習達成度の差が大きくなり、英語の把握の程度が数学の学習達成度に影響されにくいという結果が示された。今回、英語の把握の程度が文脈理解に影響を与えることが示唆されたため、授業においても、わからない意味の単語等は日本語による読み替えを行うことにより言語的な支援を続ける必要がある。また、研究者や教育者が生徒の学習について、文脈を理解しているかどうかを的確に見とる必要も示唆される。

　今後の研究の展開として、外国語教育研究では既に議論されているヴィゴツキー（Vigotsky）を始めとする社会文化的理論を用いた、教室における教師と生徒の会話から2言語を用いながらどのように教師や生徒の認知的・情意的側面が変容していくのかを検討し、そのやり取りから課題や可能性を見出していくことが考えられる（参考：東條, 2014）。国際的な数学教育研究においては、2言語を用いることは学習者がリソースを豊かに持っていると前向きに捉えるものが主流である。例えば、日本語話者が英語で数学を学習することで、その後の数学学習や周辺領域の学習（例えば、プログラミング等）が円滑に進む可能性がある。2言語を用いた授業に

おけるやり取りを学習者の学習歴や背景を含めて考察していくことは、IB
教育の普及とともに、今後ますます重要となってくる。

第5節　総括

　「全ての子どもたちのための数学」の視点から第4、5章においては外国
につながる生徒児童についての学習について述べた。第6章においては
「卓越性のための数学」の視点からIBの学習について述べた。2つの全く
異なる教育現象や生徒の算数・数学の学習の現状から、母語と教授言語が
異なることから生じる、数学学習上の類似の課題があることが垣間見られ
る。言語の意味を把握していないことから生じる学習上の言語的課題と、
数学の学習における概念的な課題の両方が、外国につながる生徒児童と日
本語を母語とする生徒の英語による数学学習に関連している。

　グローバル化は学習者の多様化、学習環境の多様化を引き起こした。こ
の多様性の中で子どもたちが学ぶ様相そのものが、グローカルな現象だと
言える。2つのテーマにおいて課題は散見されるが、現場はポジティブで
活気がある。特にIBの生徒たちは自身で希望して学習しているため、学ぶ
意欲に満ち溢れている。質の高い数学教育を志向するために、子どもの学
習についての現状把握だけにとどまらず、言語を含めた日本の各地域が持
つ文化性や、学校に関わる教師や学校文化等含めた、幅広い視点を有した
社会文化的観点からの数学教育研究の再構築が求められている。グローバ
ル化が引き起こしたこれらのグローカルな現象に対する学術的貢献の伸び
代が多くあるということを、我々研究者は真摯に捉えたい。

学習課題

1．IBの数学のカリキュラムについてインターネット上で調べてみて、日
　　本の数学教育とどのような違いがあるかを話し合おう。
2．日本語の教科書の内容を英訳してみて英語の問題を英語で解いてみよ
　　う。どのような難しさや面白さがあるか話し合おう。

3. IB関連の英語のテキストを見て、難しいと思われる数学用語や日常生活に関する語彙を抜き出し、それらについてどのように指導するといいか、アイデアを出し合おう。

引用・参考文献

植野美穂・星野あゆみ・西村圭一（2009）「国際バカロレア中等課程の数学に関する一考察：数学的リテラシーを視点に」『日本数学教育学会誌』91(5)：33-43.

内野浩子・西村圭一（2015）「国際バカロレア・ディプロマプログラムにおける数学の学習と評価」『日本数学教育学会誌』97(7)：23-32.

木村光宏・中和渚（2021）「国際バカロレアディプロマプログラム認定校における英語による数学の学習に関する言語的な視点による考察」『国際バカロレア教育研究』5：1-10.

国際バカロレア機構（2020）『「数学：解析とアプローチ」指導の手引き』国際バカロレア機構.

国際バカロレア機構（2014）『国際バカロレア（IBの教育とは？）』国際バカロレア機構.

東條弘子（2014）「外国語教育研究における社会文化理論の布置」『関東甲信越英語教育学会誌』28：69-82.

中和渚・木村光宏（2020）「国際バカロレアのディプロマプログラム準備段階における高等学校1年生の三角比の学習達成度と学習上の課題」『科学／人間』49：61-74.

文部科学省ホームページ https://ibconsortium.mext.go.jp/about-ib/ （2021年10月27日閲覧）

Anthony, A., & Walshaw, M. (2007) "Effective pedagogy in mathematics/ pangarau". *Best Evidence Synthesis Iteration [BES]*, Wellington: Ministry of Education.

Kester-Phillips, Bardsley, Bach. & Gibb-Brown. (2009) ""But I Teach Math!" the Journey of Middle School Mathematics Teachers and Literacy Coaches Learning to Integrate Literacy Strategies into the Math Instruction". *Education, v129, n3*：467-472.

Haese, M, Haese, S, Humphries, M, Kemp, M., & Vollmar, P. (2014) *Mathematics for the international student 9 MYP 4*, Marleston: Haese Mathematics.

Martiniello, M. (2008) "Language and the performance of English-language learners in math word problems". *Harvard Educational Review, 78*：333-368.

さらに知識を深めたい読者のための参考文献

馬場博史（2016）『国際バカロレアの数学：世界標準の高校数学とは』松柏社.

半田淳子（2020）『国際バカロレア教員になるために－ TOK と DP6教科の学びと授業づくり』大修館書店.

第 **3** 部

学習環境の多様性

現在、教育は大きな転換点を迎えている。急速なテクノロジーの発達は、教育の内容と方法、両面に大きな影響を及ぼしている。テクノロジーが可能にしたことは計り知れない。計算速度の大幅な向上、情報へのアクセス、ビックデータの蓄積、人工知能の普及、オンライン下での大量情報の相互伝達、高性能 ICT デバイスの超小型化、など枚挙にいとまがない。社会の変容と教育とは密接に関連しあうものであるから、これらのテクノロジーの影響全てが教育へも密接に関わってくる。具体的には、内容的側面ではデータから世界を読み解くべく「統計教育」により重きが置かれるようになり、方法的側面では様々な ICT の活用法が次々に考案、実施されている。そしてその射程は教室・学校に留まらず、国境をも越える範囲で展開される。そこで第 3 部では、学習環境の多様性として、その内容的・方法的影響を、地方自治体、教師、子ども、そして国際的な教員研修の 4 つのレベルで取り上げていく。

　まず、第 7 章では、地方自治体の取り組みに目を向ける。ICT の普及により、様々な情報にアクセスすることが容易になり、その取り扱いは社会的に重大な事項となっている。そのような中、岐阜県は統計教育について自治体をあげて推進している。その展開はローカルな題材をグローバルな探究活動へと結びつける新たな教育の様相を呈しており、その内実を分析することから、グローカルな教育の在り方を考察する。

　また、学校現場では「GIGA スクール構想」が提唱され、教室における ICT の活用が凄まじい速さで展開されている。そこで、第 8 章では、教師に焦点を当て、グローカルとは何かを理論的に検討しながら、ICT をいかに活用するかという流れの中で葛藤する教師の姿を具体的に浮き上がらせ、教育の方向性を検討する。

　次に第 9 章では、学校教育から取りこぼされた生徒に焦点を当てる。その際、ICT 教材の普及によって可能になった教育形態と、山村留学という少人数教育によって可能な教育を比較しながら、新たな教育のあり方をケアという切り口で考察する。

　最後に、第 10 章では国を越えた実践を取り上げる。ICT の普及は空間を越える教員研修を可能にしつつある。現在、福井大学では、アフリカの教

育現場とオンラインで結び、教員研修を開催している。そこで、空間を異にするものが共に学ぶ制度を構築する過程を描くことで、教員研修のみならず新たな教育の可能性を発見していく。

　ここで取り上げるいくつもの教育段階での実践展開は、これまでにはない教育環境の広がりを具体的に示すものであり、その広がりはまさに新たな可能性といえよう。本部ではグローカルという視点から、その可能性と課題を浮き上がらせていく。

第7章
岐阜県の統計実践事例にみられるグローカル

福田 博人

概要

　本章では、グローカルの規定を行い、岐阜県の統計実践事例にみられるグローカルを同定する。グローバルとローカルの連関は、ローカルからグローバルへの一方向的なプロセスだけでなく、複雑化された様相の中でゴールであったグローバルがローカルであるという先程とは逆方向的なウロボロス的様相を見せることがある。この様相をグローカルと呼ぶことにする。総合的な学習／探究の時間においてふるさと教育の一環として統計教育に取り組む岐阜県の小学校から高等学校までの事例に基づき、そのグローカルの同定を行う。本章では、児童・生徒の故郷の理解を深めるふるさと教育として統計教育を実施しているローカルな側面と、統計的探究サイクルや統計学それ自体が探究方法におけるグローバルな側面を有している点や扱う統計データである文脈ならびに岐阜県を中心とする地理的範囲が探究視点におけるグローバルな側面を有している点を同定し、統計教育のグローカルの一端を示す。

問い

１．統計教育におけるグローカルとは一体何であるか。

２．グローカルを意識した統計実践事例は一体どのようなものか。

第1節　今日社会を形容するグローカル

　今日社会がグローバルに進展していることは言うまでもないことであろう。その一例として国際連合をあげることができる。国際連合は英語で

United Nations と表記し、数多くの国を連ねる／合併すること、すなわち世界全体を包括的に捉える意味合いが多分に含まれる。実際、国際連合の理念が世界平和、安全保障、国際友好であり、国際連合に加盟している全ての国はこれらの理念を共通の目標として持っている。このように、世界の全体性や包括性は、世界を 1 つと捉えており、世界の均質化に向かう性質を指し、しばしばこれはグローバルと、グローバルに向けたプロセスはグローバル化と呼ばれる。このように考えると、均質化をキーワードとするグローバルの意味は、シンプルで理解しやすいものであると思われるかもしれない。しかしながらグローバルは、多くの要素それぞれが自律的に機能しながらも、全体としてある秩序が生まれるような自己組織化された複雑性を有するものである。この点についてマンフレッド・B・スティーガー氏（Manfred B. Steger）は、グローバルの多次元性を、多種にわたる学問領域における目の見えない学者が初めて象に出会った際にいかに象を認識するのかを例に説明している（スティーガー, 2010, p.15）。図 7-1 のように、宗教研究者は胴体を触わることで蛇のようだとし、経済研究者は脚を触わることで柱のようだと、イデオロギー研究者は尻尾を触わることでブラシのようだと、文化研究者は牙を触わることで槍のようだと、……、という具合に、「どのグローバリゼーション研究者も、問題の現象の 1 つの重要な次元を正確に特定しており、一面では正しい」（ibid., p.15）とされる。しかし逆に、「グローバリゼーションのように複雑な現象を自らの専門に合致した単一の領域に還元しようとする、独善的な試みにある」（ibid., p.15）と指摘する。

図7-1. グローバリゼーション研究者と象（ibid., p.15）

最終的に、スティーガー氏は様々なグローバル化研究におけるグローバル化の意味の共通な特質を同定し、グローバル化を「世界時間と世界空間を横断した社会関係および意識の拡大・強化」(ibid., p.20)と提起した。

　そして、グローバル化という拡大・強化のプロセスにおいて、「ローカル（地方的）→ ナショナル（一国的）→ リージョナル（地域的）→ グローバル」という流れを辿る（スティーガー, 2010；山本, 2000）。しかし、モノもコトもヒトもユビキタス化された今日において、これらが明確に区別されることはなく、複数が重複したり、矢印が逆向きになったり、そのプロセスの様相は複雑化している＊。

> ＊ユビキタスとは、「いたるところにあること。遍在すること。特に、コンピューターや情報通信環境についていう。」(新村, 2018, p.3001)とあり、ここではモノやコトやヒトがいたるところに遍在している様を指す。

　その意味において、「『グローバル』研究の最良の場というのは、実は（中略）しばしば『地方的［ローカル］』な場である」(ibid., p.12)ことはよく理解することができるだろう。一見、ローカルからグローバルへのプロセスに見え、実際にその一部はこの流れを辿るが、別の流れを辿れば、複雑化された様相の中でゴールであったグローバルがローカルであるというウロボロス的様相を見せることがある＊。

> ＊ウロボロスとは、「古代ギリシアで、自らの尾を銜えた蛇または竜の図案」(新村, 2018, p.301)であり、始めと終わりが一致することである。ここでは、始め「ローカル」が終わり「グローバル」に向かうが、この終わり「グローバル」が再び始め「ローカル」に一致する様を指す。

　この様相をグローカルと呼ぶことにする。グローバルが根付いたローカルにこそ、真逆のローカルとの対比によってグローバルの色が鮮明化されるのである。そこで、本章ではローカルな対象から議論することとし、そのグローカルについて考究したい。

第2節　岐阜県における統計教育の取り組み

　第2節では、ローカルな対象として岐阜県における取り組みに基づき、そこに潜むグローカルを垣間見ることとする。

2.1　総合的な学習／探究の時間における統計教育

　昨今の統計教育の急激な拡充を受け、データに慣れ親しむことを意図し、岐阜県総合企画部統計課は 2011 年度より統計教育の充実に取り組み始め＊、2012 年には都道府県の組織として初めて日本統計学会統計教育賞を受賞した実績を持つ。後に埼玉県統計教育研究協議会が 2017 年に、青森県企画政策部統計分析課が 2020 年にそれぞれ同賞を受賞しているように、現在における日本全国の統計教育の充実の背景には岐阜県の統計教育の取り組みが、その原点であり源泉であったといっても過言ではない。2011 年度より始まった取り組みは 10 年以上経った 2022 年度現在も続いており、その一端を示したい。

　　＊ 2011 年度当時は岐阜県総合企画部統計課であったが、2016 年度からは岐阜県
　　　環境生活部統計課に名称が変更し、2022 年度現在に至っている。

　岐阜県の統計教育は、総合的な学習／探究の時間の中で実施されることが多い。そこで、統計教育と総合的な学習／探究の時間の関係、とりわけそれぞれにおける探究プロセスの連関を考えたい。統計教育における探究プロセスとしては、統計的探究プロセスがとても有名であり、現実社会から問題を設定し（Problem）、問題解決するための計画を立て（Plan）、実際にデータを収集し（Data）、分析し（Analysis）、問題に対する解答を結論づける（Conclusion）ことから成る PPDAC（Problem － Plan － Data － Analysis － Conclusion）サイクルを指す。その後、1 周目のサイクルによって得られた結論では不十分な点を新たな問題として再設定し、2 周目のサイクル、3 周目のサイクル、…へと探究の質を高める螺旋状のプロセスを辿る（Wild & Pfannkuch, 1999）。このサイクルは小学校から高等学校までの日本の統計教育でも統計的問題解決の過程として明確に位置付けられた。

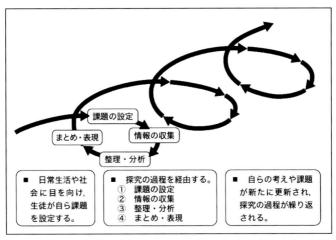

図7-2. 探究的な学習における児童・生徒の学習の姿
（文部科学省, 2018, p.9；文部科学省, 2019a, p.9；文部科学省, 2019b, p.12）

　また、総合的な学習／探究の時間における探究プロセスとして、図 7-2 のような螺旋状のプロセスが示されている。日常生活や社会における疑問や解決したい課題を設定し、その解決に向けた情報を収集し、整理・分析し、結論を纏めるという一連のプロセスを経た上で、更なる課題を設定し、2 周目、3 周目、…とプロセスが連続的に進んでいく様子を示したものである。このプロセスにおける教育的意図は図 7-2 の下部に存在する文章箇所となり、情報をデータに置き換えれば、プロセスとしては PPDAC サイクルそのものとなる。統計教育との相違点としてあげられることは、プロセスの方向性に関する点である。種々の統計的概念の形成という構造指向と形成された統計的概念の実際の使用という応用指向のバランスが強調される統計教育と比べ、探究的な学習では応用指向が終始強調され、用いられる概念や知識も統計のそれらだけでなく、数学や理科や社会などといった種々の教科で教授・学習される概念や知識、見方や考え方も含まれる。この意味において、探究的な学習で扱われる場面のバラエティは、児童・生徒個人にまつわる課題や、彼らが生活する地域や学校に関連した課題や、彼らが生きる世界に関する課題など豊富なものとなることが意図される。

2.2 事例

2021年度に行われた岐阜県における統計教育の取り組みをいくつか紹介したいと思う。これらは全て、岐阜県環境生活部統計課が学校へ出向いて実施した出前授業である。なお、2011年度からの全ての記録は、岐阜県庁のHP（https://www.pref.gifu.lg.jp/page/9690.html）に記載されている。詳細の情報はHPを参照されたい。

まずは、高山市の小学校第6学年の事例である。大きく2つのテーマがあった。1つ目は、高山市の「出生数－死亡数」（自然動態）と「転入数－転出数」（社会動態）、そして高山市の人口の年齢構造の変化に関するデータに基づく高山市の人口増減の探究であった（小学校探究1）。この内容に入る前に、折れ線グラフにおいて縦軸の目盛り幅を変更することによって変化を大きく（小さく）見せたり、円グラフにおいて立体にすれば手前を大きく見せたりすることができることなどに注意する点、すなわち統計グラフの見た目に騙されない点について意識づけがなされた後に、表、棒グラフ、折れ線グラフ、帯グラフを用いた探究となった。続いて2つ目は、岐阜県の観光客数と高山市への観光の目的、そして岐阜県内に宿泊する外国人の数についてのデータを用いた岐阜県と高山市における観光の様相の探究であった（小学校探究2）。この探究場面においては、帯グラフ、円グラフ、そして折れ線グラフの統計グラフが用いられた。

続いて、中学校の事例については2校紹介する。1校目は、高山市の中学校第2学年の事例である。小学校の探究と同様、まず初めに統計グラフの見た目に騙されない点について意識づけがなされた。その後、岐阜県の様々な経済活動の項目（例えば、農業、水産業、建設業、不動産業、教育など）における岐阜県全体と高山市の総生産の実数ならびに構成比のデータを用いて、高山市が農業、林業、宿泊・飲食サービス業において強みを持っていることを確認した上で、これらの項目のより具体的なデータの他都道府県との比較がなされている（例えば、高山市のほうれんそうの収穫量が全国1位であることや、岐阜県の外国人観光客が全国13位であることなど）。更に、これらの項目について高山市の労働者の年代や性別に関する特徴をデータに基づく探究を通して明らかにしている。この1校目の中学

校での探究全体を中学校探究1と呼ぶ。この探究では、小学校の探究と同じように表、円グラフ、棒グラフ、折れ線グラフといった統計グラフに加えてヒストグラムも多用されていた。2校目は、恵那市の中学校第3学年における事例である。「岐阜県の熱中症リスクが高いのか低いのか？」を問いとして、年平均気温、最高気温、日照時間、救急車の台数、現場への到着時間、病院に運ばれるまでの時間、人口1万人あたりの搬送人数、100km^{2}あたりの搬送人数、そして救急車1000台あたりの搬送人数の都道府県別の棒グラフを用いた探究であった（中学校探究2）。ここでは、単一種類だけのデータではなく、複数種類のデータを組み合わせながら探究する意思決定能力や説明力・表現力の育成が重視されたと推察できる。

　最後に、高等学校第1学年の事例についてである。国勢調査のデータにおける、岐阜県から三重県ならびに愛知県への通勤者数と三重県ならびに愛知県から岐阜県への通勤者数のデータに基づき、3県の就業者の他県への通勤状況が把握可能となる。そしてまた、岐阜県の他県への通勤者数が三重県や愛知県と比較して非常に多い点と、岐阜県の他県への通勤者のほとんどが愛知県への通勤者である点が強調されている。このことから、岐阜県民の特徴として、働き口としては都会である愛知県を選び、住まいとしては愛知県ほど都会ではない岐阜県を選ぶ傾向が、三重県よりも強いことが推察され、岐阜県の地域性をうかがうことができそうである。この高等学校での探究全体を高等学校探究と呼ぶ。

第3節　岐阜県の取組事例に基づく統計教育におけるグローカル

　第2節で紹介した岐阜県における統計教育の実践事例に基づき、統計教育のグローカルを同定したい。岐阜県における統計教育は、ふるさと教育の一環として実施されている。ここでのふるさと教育とは、「高い志とグローバルな視野をもって夢に挑戦し、家庭・地域・職場で豊かな人間関係を築き、地域社会の一員として考え行動できる『地域社会人』の育成を目指し、地域に根差し地域の特色を生かした教育活動を通して、子どもたちに『ふるさと岐阜』への誇りと愛着を育む教育」（岐阜県教育委員会,

2018, p.3）である。ふるさと教育としての統計教育では、岐阜県にまつわるデータを用いながら統計的探究プロセスの方法知を学習するだけでなく、探究プロセスを通して岐阜県という故郷の理解を深めることも目標となる。小学校から高等学校までの全ての事例において、児童・生徒が住んでいる市や岐阜県を知ることが目的となっており、ふるさと教育それ自体がローカルな側面として見て取ることができる。小学校探究 1 では高山市の人口状況、小学校探究 2 では岐阜県と高山市の観光業の状況、中学校探究 1 では岐阜県の強い産業、中学校探究 2 では岐阜県の熱中症リスク、そして高等学校探究では岐阜県の通勤状況といった具合であり、統計を用いて岐阜県や岐阜県内の市についての理解を深めている点において、ローカルな側面を有している。

　続いて、グローバルな観点から考察を行う。スティーガー（2010）によれば、グローバル化とは「世界時間と世界空間を横断した社会関係および意識の拡大・強化」（ibid., p.20）であった。岐阜県の統計教育事例において、大きく 2 種類のグローバルな側面が見られた。1 種類目が探究方法におけるグローバルな側面であり、2 種類目が探究視点におけるグローバルな側面である。それぞれについて確認を行う。

　まず 1 種類目の探究方法におけるグローバルな側面について、2.1 節で説明した PPDAC サイクルが岐阜県の事例で活用されているが、これは 1999 年に提出された論文（Wild & Pfannkuch, 1999）で提唱された統計教育理論であり、提唱から 20 年以上経った今、ニュージーランドでは既に PPDAC サイクルによる統計教育が国全体に根付いている。そして約 20 年の時間を経て、遂に日本でもそれが位置づけられることになった。20 年という時間の経過とニュージーランドから日本への空間の拡張は、PPDAC サイクルという統計的な探究方法のグローバルであるといえる。またその際には、情報通信技術（Information and Communication Technology; 以下 ICT）の使用が前提となるが、ICT はそれによって全世界を瞬時に接続する意味において、グローバル化の結果である。そして何より、統計それ自体も探究方法に関するグローバルの結晶である。大髙（2018）が説明するように非西洋諸国が西洋諸国で成立・発展してきた科学を輸入・受容した歴

史を持っているのと同様、時期は異なるものの統計学も科学と同様のプロセスを辿ってきた。PPDAC サイクルや ICT と同じように、統計学も時空の超越がみられるグローバル化の結果といえる。そしてまた、PPDAC サイクルも ICT も統計学もグローバル化を経た上で、それぞれが高山市や岐阜県という特定の地域に活用されており、グローバル化によって伝播された知見（PPDAC サイクルや ICT や統計学）が次の瞬間にはふるさと教育というローカル化（ローカルに向けたプロセス）の一部と化することは、上述したグローバルがローカルであるというウロボロス的様相の一例である。

　2 種類目の探究視点におけるグローバルな側面として、文脈に関する側面をあげることができる。例えば、小学校探究 2 において岐阜県内に宿泊する外国人の数の増加している傾向が統計的に示されており、岐阜県に観光で訪問する外国人の拡大がみられる。もちろん、上述したようにこれは観光業の観点から岐阜県の実態を把握するふるさと教育を意図する実践事例であるため、ローカルな側面も持ち合わせている。整理すると、ふるさと教育というローカルを辿る過程において、文脈が外国人宿泊者数というグローバルな文脈が使用され、しかしこの文脈の使用それ自体が故郷理解というローカルの一部を呈し、ローカルからグローバルへの方向ならびにグローバルからローカルへの方向の両者を確認することができるだろう。更に、地理的範囲に関するグローバルな側面もあげることができる。小学校探究 1 ならびに小学校探究 2 では高山市のデータと岐阜県のデータについて両者を関連付けながら探究がなされており、岐阜県の視点に立てば高山市からの地理的範囲の拡張がみられる。高等学校探究において、岐阜県の通勤状況を三重県と愛知県の 2 県との比較を通して特徴付けされており、探究の視点は岐阜県から隣県へと拡張がみられるし、中学校探究 1 ならびに中学校探究 2 では岐阜県の産業ならびに熱中症リスクの特徴が全都道府県との比較を通して同定されており、岐阜県から全都道府県、すなわち日本へのナショナル（一国的）拡張を確認することができる。このことは、例えば日本からアジアへのリージョナル（地域的）拡張、更にアジアから世界へのグローバル化が生じる探究を今後予期することができる。一方、これらの地理的範囲に関するグローバルな側面だけでなく、同時に

ローカルな側面もみられる。高山市は岐阜県からの、岐阜県は隣県ならびに日本からの地理的範囲に関する縮小を意味するためである。

　最後に本章を纏める。本章では、岐阜県における統計教育の実践事例をグローバルならびにローカルの２つの視点から考察した。ふるさと教育というローカルな側面がみられる一方で、探究方法ならびに探究視点という２種類のグローバルな側面もみられた。そして、ローカルからグローバルへの通常の展開だけでなく、グローバルが次の段階ではローカルの一部になる様相も呈され、まさに統計教育のグローカルを岐阜県の事例に基づき、記述することができた。このことは岐阜県だけでなく、日本ならびに世界におけるグローカルを意識した統計教育の方向性をも考究するための価値ある情報を提供しているといえよう。そしてまた、本章の事例は「人権や平和といったグローバルな価値観を育むためには、異なる国・地域の政治、社会文化、宗教などに対して寛容であることが求められる」(北村，2015，p.11)ようなグローバル・シティズンシップ教育へ繋がる。原田(2019)によれば、グローバル・シティズンシップ教育に関する研究は高等教育段階においては多数存在する一方で、初等中等教育段階では極端に少ない。その理由の１つとして、児童・生徒にとって地球や世界は規模があまりに大きすぎて、自分ごととして探究することが難しいことがあげられる。岐阜県におけるグローバルな統計実践は、児童・生徒にとってより身近な生活圏を題材とするローカルな側面と、児童・生徒にとってより距離のある地域を題材とするグローバルな側面の往還が念頭に置かれる。身近な生活圏を題材とすることで彼らが自分ごととして探究することが可能となり、更にそれがグローカルの観点からグローバルな側面へと繋がることから、グローバル・シティズンシップ教育の一例であるといえる。そのため、グローバルな側面が強調された本章の事例は、グローバル・シティズンシップ教育の初等中等教育段階における実現に向けた礎の役割を果たすことが期待される。

学習課題

1. 自身の故郷の理解を深めることを目的としたグローカルを意識した統計教育の具体的な授業展開をデザインせよ。
2. 学習課題1でデザインした授業展開のグローバルならびにローカルについて説明せよ。

引用・参考文献

岐阜県教育委員会（2018）『岐阜県ふるさと教育実践集〜ふるさとへの誇りと愛着を育む〜』岐阜県教育委員会教育総務課.（https://www.pref.gifu.lg.jp/ uploaded/ attachment/233083.pdf）（2022年6月9日最終確認）

原田亜紀子（2019）「グローバル・シティズンシップ教育に関する研究動向」『東京大学大学院教育学研究科紀要』59：197-206.

北村友人（2015）「グローバル・シティズンシップ教育をめぐる議論の潮流」『異文化間教育』42：1-14.

国際連合広報センター（n.d.）『国連加盟国加盟年順序』（https://www.unic.or.jp/ info/ un/un_organization/member_nations/chronologicalorder/）（2022年6月9日最終確認）

文部科学省（2018）『小学校学習指導要領（平成29年告示）解説 総合的な学習の時間編』東洋館出版社.

文部科学省（2019a）『中学校学習指導要領（平成29年告示）解説 総合的な学習の時間編』東山書房.

文部科学省（2019b）『高等学校学習指導要領（平成30年告示）解説 総合的な探究の時間編』学校図書.

大髙泉（2018）「グローバル化と科学教育−現状・課題・展望−」『科学教育研究』42(2)：55-63.

新村出編（2018）『広辞苑 第七版』岩波書店.

スティーガー, M. B.（2010）『新版 グローバリゼーション』（櫻井公人・櫻井純理・髙嶋正晴訳）岩波書店.

山本啓（2000）「グローバル・シティズンシップの可能性とNPO」『三田学会雑誌』92(4)：725-752.

United Nations (2019) "*World Population Prospects 2019*" (https://population.un.org/ wpp/Download/Files/1_Indicators%20 (Standard)/EXCEL_FILES/1_Population/ WPP2019_POP F01_1_TOTAL_POPULATION_BOTH_SEXES.xlsx)（2022年6月9日最終確認）

Wild, C. J., & Pfannkuch, M. (1999) "Statistical thinking in empirical enquiry", *International Statistical Review*, 67(3)：223-265.

さらに知識を深めたい読者のための参考文献

ハッキング、I.（1999）『偶然を飼いならす：統計学と第二次科学革命』（石原英樹・重

田園江訳）木鐸社刊.

中島美恵子（2018）『地域の教育資源を生かしたふるさと教育』国土社.

日本国際理解教育学会編（2015）『国際理解教育ハンドブック：グローバル・シティズ
　　ンシップを育む』明石書店.

第8章

グローカルという視点から見た数学教育でのICT活用と教師の葛藤
―宮崎県の中学校数学教師を事例として―

木根 主税

概要

　学校には様々な事柄が要求され、その要求の出所は、地方公共団体、国家、国際社会といった、学校を取り巻く社会であることが多い。そうした社会としては、よりよい学校教育を目指して学校現場に要求するのであろう。しかし、学校現場からすると、そうした要求が大きな負担として受け止められ、混乱の要因と見なされる場合も多いように思われる。

　本章では、世界的な動向の一例としてICT活用を取り上げ、そのことが学校現場の数学教育でどのように受け入れられているかをグローカルの視点から検討する。そのために、宮崎県のある中学校教諭に注目し、この教諭を通して、ICT活用という世界的動向と数学教師の授業実践での葛藤を記述する。

問い

1. 学校教育におけるICT活用はどのように普及してきたか。
2. 数学教育でのICT活用として、現場教師はどんな取り組みを行っているか。

第1節　グローカルとは？

　一般に、ローカルとは「地方的、局地的」、グローバルとは「国境を越えて、全地球的、全世界的、世界中にまたがるさま」を意味するのに対し、ローカルとグローバルを合わせた語であるグローカルとは、「国境を越えた地球規模の視野と草の根の地域の視点でさまざまな問題を捉えていこうとする

考え方」と捉えられている（三省堂編修所, 2020）。

　これに対し、文化人類学者の小田亮は、グローバリゼーションとは、均質化の方向に働く力の作用と多様化の方向に働く力の反作用とが同時に起こっていることを意味し、このなかの多様化の方向に働く反作用がグローカリゼーションだと述べている。そして、ここでいう多様化は、均質化のなかでの多様化と捉えるべきだと指摘しており、この点においてグローカリゼーションは、グローバルな動向を無視し、地域第一主義や地方偏狭に陥る意味でのローカリズムと区別できる。小田はさらに、ジョージ・リッツァ（George Ritzer）の提唱した、「無／存在」と「グローカル化／グロースバル化」という二つの対立軸で表すグローバリゼーションの4側面（図8-1）が、グローカリゼーションという概念を捉えるうえで示唆的だと述べている（小田, 2010, pp.1-5）。

　リッツァによれば、「無」は、特有な実質的内容を相対的に欠いており、概して中央で構想され、管理される社会形態を意味し、「存在」は、特有な実質的内容に富んでおり、概して現地で構想され、管理される社会的形態を意味する（リッツァ, 2005, pp.4-16）。また、「グロースバル化＊」は、グローバリゼーションに

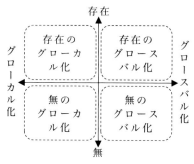

図8-1. グローバリゼーションの4側面

おける均質化の側面を表し、「グローカル化」は、グローバリゼーションにおける多様化の側面を表している（リッツァ, 2005, pp.144-145；小田, 2010, pp.2-3）。こうした対立軸から導出された4側面が、「存在のグロースバル化」、「無のグロースバル化」、「存在のグローカル化」、「無のグローバル化」である。

　＊原語は"grobalization"であり、これは、グローカル化の連続的な対概念として、成長"growth"とグローバル化"globalization"を組み合わせたリッツァによる造語である。小田は、"grobalization"に対する苦心の訳語として「グロースバル化」が当てられたと評している。

小田は、グローカル研究において、「存在のグローカル化」と「無のグローカル化」という区別の重要性を指摘する。小田は、「無のグローカル化」を、グローバリゼーションの起点（中心）で構想、管理される、特有な実質的内容を欠いたグローカル化であり、グローバリゼーションの終点（周縁）と中心との力の非対称性を拡大するものと捉えている。そして、中心と周縁との力の対称性の実現にむけた「存在のグローカル化」こそが、グローカル研究の課題だと述べている（小田, 2010, pp.4-5）。

　こうした見解を数学教育での ICT 活用という動向に当てはめると、次のような議論ができよう。まず、現在の世界的動向として、国際機関や各国政府、教育行政を中心に進められている数学教育での ICT 活用があり、「存在」か「無」かは別として、こうした動向を世界規模の均質化という意味で「グロースバル化」と捉えることができる。それに対し、推進される数学教育での ICT 活用をそれぞれの学校や学級の実態に合わせて実現することを、ICT 活用の多様化という意味で「グローカル化」と捉えることができる。そして、個々の学校や学級の実態に適した内容を含んでいるか、また、実践を構想、管理する主体が中央（国際機関、政府、教育行政）か周縁（学校現場）かにより、それぞれの学校や教室における数学教育での ICT 活用を「存在のグローカル化」と「無のグローカル化」に分類することで、あるべき数学教育やそのための ICT 活用についての議論が可能となる。

第 2 節　グロースバル化としての数学教育における ICT 活用の普及
2.1　世界の動向と日本政府の見解

　現代社会の世界的動向として、人工知能（AI）、ビッグデータ、Internet of Things（IoT）、ロボティクス等の高度化した ICT があらゆる産業や社会生活に取り入れられた時代が到来しつつあるという時代認識が一般的であろう。

　日本政府も、ICT の急激な進化によるグローバルな産業構造の変化やセキュリティ問題などのネットワーク化への対応、地球規模で起こるエネルギー・資源・食料等の制約や環境問題、国内における少子高齢化や地域経済社会の疲弊、自然災害等のリスクといった課題認識のもと、2016 年の

第 5 期科学技術基本計画において、独自に「Society5.0」という新たな概念を提唱し、「世界で最もイノベーションに適した国」を目指すことを宣言した。その実現にむけて、政府が一体となって基礎研究から社会実装までのイノベーション政策を統合的に推進できるよう、「統合イノベーション戦略」（2018 年 6 月 15 日、2019 年 6 月 21 日）を策定するなど、イノベーション政策の強化・浸透に努めてきた。例えば、「AI 戦略 2019」（2019 年 6 月 11 日）では、健康・医療・介護、農業、国土強靭化、交通インフラ・物流、地方創成の分野において、AI 社会実装、AI データ関連インフラの構築、AI 時代のデジタル・ガバメント化の推進、AI 技術の利活用にむけた中小企業・ベンチャー企業への支援と合わせて、教育改革や研究開発体制の再構築が提言された。

　こうしたなか、2019 年 12 月に閣議決定された「安心と成長の未来を拓く総合経済対策」では、国の将来を見据え、Society 5.0 時代を担う人材の育成にむけて、高速大容量のネットワーク環境（校内 LAN）の整備や、義務教育段階における児童生徒 1 人 1 台端末の実現という「GIGA スクール構想の実現」が文部科学省の取り組みとして提起された。

2.2　文部科学省の取り組み

　2017（平成 29）年告示の小・中学校学習指導要領では、情報モラルも含めた「情報活用能力」が、言語能力、問題発見・解決能力と並び、学習の基盤となる資質・能力として位置付けられた。情報活用能力とは、「世の中の様々な事象を情報とその結び付きとして捉え、情報及び情報技術を適切かつ効果的に活用して、問題を発見・解決したり自分の考えを形成したりしていくために必要な資質・能力」を意味し、その育成にむけて、各教科等の特質を生かし、教科等横断的な視点から教育課程の編成、コンピュータや情報通信ネットワークなどの情報手段の活用に必要な環境整備、情報手段を適切に活用した学習活動の充実、各種の統計資料や新聞、視聴覚教材や教育機器などの教材・教具の適切な活用を図ることが求められている。

　こうした意図の実現にむけて、文部科学省は、教師の指導や学校・教育委員会の具体的取組みの参考として、「教育の情報化に関する手引き」

（2019 年 12 月、追補版 2020 年 6 月）を作成した。この手引きでは、ICT の特長（時間的・空間的制約を超える、双方向性を有する、カスタマイズを容易にする）を生かして教育の質向上を目指す「教育の情報化」にむけて、情報教育、教科指導における ICT 活用、校務の情報化、教師の ICT 活用指導力等の向上、学校の ICT 環境の整備、教育情報セキュリティの確保の手立てが解説されている。特に、教科指導における ICT 活用については、校種別、教科等別の具体例が示されており、算数・数学科では、図形や関数、データの活用の領域に関する例が記載されている（2 つの同心円の直径を対角線にもつ四角形、グラフの表示の工夫、グラフによる連立不等式の表す領域内の最大値・最小値の考察など）。

　さらに文部科学省は、2021 年 1 月中教審答申において、2020 年代を通じて実現を目指す学校教育を、「全ての子供たちの可能性を引き出す、個別最適な学びと、協働的な学び」を提供する「令和の日本型学校教育」とし、その実現にむけた具体的な方策、教員養成・採用・研修の在り方、学校支援や社会の変化への対応にむけた教育委員会の在り方などを提唱している。そのなかで、社会全体のデジタルトランスフォーメーション（DX）の加速化も踏まえ、これからの学校教育を支える基盤的ツールとして ICT は必要不可欠であることを前提とし、学校教育の在り方を検討する必要があると強調されている。令和の日本型学校教育の構築にむけた方向性のひとつに、「これまでの実践と ICT との最適な組合せの実現」を提唱し、新たな ICT 環境や先端技術の効果的活用により、主体的・対話的で深い学びにむけた授業改善、社会に開かれた教育課程の実現、情報活用能力の教科等横断的育成などに寄与できると考えられている。

　文部科学省によれば、2021 年 3 月 1 日の時点では、普通教室の無線 LAN 整備率とインターネット接続率がそれぞれ 95.4 ％、98.2 ％（文部科学省，2021a）、また、同年 7 月末時点では、全国の公立の小学校等の 96.2 ％と中学校等の 96.5 ％で、「全学年」または「一部の学年」で端末の利活用が開始されており（文部科学省，2021b）、ハード面での ICT 環境整備はかなり進められてきた。また、ソフト面でも、2020 年 12 月から ICT 活用に関する自治体・学校での実践事例等を情報発信するための特設ウェブ

サイト「StuDX Style」が開設、更新されている。

　日本の学校教育においても、グローバル化としてのICT活用の普及は急速に進んでいると言えるであろう。

第3節　グローカル化としての数学教育におけるICT活用
―A教諭の実践

3.1　A教諭の社会的背景

　宮崎県は農業県であり、人口減少に直面する県でもある。県としては、テレワーク推進事業などによる人材交流・企業立地やスマート農業といったICT活用に力を入れている。また、A教諭の勤務校がある町も、農業や漁業を主産業とし、過疎化が進む町であり、そのため、官民一体となって積極的に町のデジタル化を推進している。例えば、防災、医療、福祉、子育てなどの情報共有にむけた町民と行政の双方向型ポータルサイトの開設、全ての子育て世帯と高齢者世帯へのタブレット無償配布などに取り組み、ICTを地域づくりに活用している。A教諭の勤務校に対しても、ICT活用への期待は大きい。

　A教諭は、教職歴3年目の中学校教師であり、2021年度は第2学年3学級の数学授業を担当している。また、A教諭はICT活用推進委員長を担当し、自身の数学授業はもちろん、同僚教師にもICT活用を推進する立場にある。

3.2　A教諭の授業実践

　A教諭は2021年度、図形領域でICTを活用した授業実践を検討してきた。ここでは、A教諭の授業実践をいくつか紹介する。

①授業「対頂角の性質」（2021年10月14日）

　対頂角の性質に関する授業では、

図8-2. デジタル教材を操作する生徒

動的幾何ソフト GC（Geometric Constructor）を用いて A 教諭が開発した、交わる 2 直線を自由に回転でき、交点のまわりにできる角の大きさも表示できるデジタル教材を生徒に操作させ、対頂角の性質を生徒に探究させた。この授業について、A 教諭は次のように振り返っている。

《以前から、帰納的推論に関しては、（様々な図を）かく行為に時間がかかるために、多くのパターンについて考えることが困難ではあるのかなと感じていました。ICT 機器を活用することで、多くのパターンについて考えることができるようになったのではないかと思います。》（A 教諭のメール：2021 年 10 月 15 日）

　様々な交わり方をする 2 直線を図示し、それぞれの交わり方に応じてできる対頂角やその補角の大きさの関係を確認することが、ICT 活用により容易となり、帰納的推論を生徒自身が行えたと A 教諭は捉えている。
　また、対頂角とその補角の大きさが 30°と 150°となった事例をみて、それらの大きさの関係が「5 倍になっている」と発言した生徒の反応があった。それに対し、すぐに反例を提示し、常に 5 倍ではないことへの気づきを生徒に促せたことも、ICT 活用のメリットだと A 教諭は述べている。
　このように、対頂角の性質に関する授業実践では、生徒によるデジタル教材の操作活動を通して、帰納的推論を引き出しながら主体的、対話的な学習の実現に ICT 活用が貢献したと、A 教諭は捉えていた。

②授業「平行四辺形になるための条件」（2022 年 1 月 21 日）
　平行四辺形になるための条件を用いる証明問題（図 8-3）を取り扱う授業では、はじめに電子教科書に掲載されたデジタル教材を生徒に自由に操作させ、どんな四角形ができるかを発見させ、その四角形が常にできることを証明させる展開を A 教諭は計画した。
　生徒の反応としては、デジタル教材で移動できる点を各自が自由に操作し、四角形 PRQS が平行四辺形、長方形、正方形などになることを見出していた。なかには、平行四辺形 ABCD は固定したまま点 P、R を移動させる

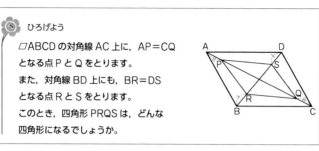

図8-3. 教科書の問題（岡本他, 2021, p.146）

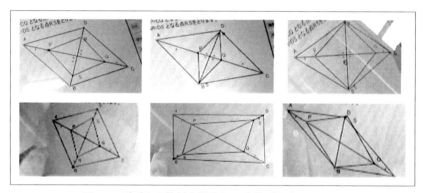

図8-4. デジタル教材を操作して生徒が見出した図形

生徒や、平行四辺形ABCDを変形しながら四角形PRQSを観察する生徒も見られた。

　しかし、見出した四角形が常にできるのかを検討し、平行四辺形の性質や平行四辺形になるための条件など、既習事項を根拠にそのことを証明しようとする生徒はいなかったと、A教諭は次のように振り返っていた。

《子どもたちに関してみれば、「どんな四角形になるでしょうか」だから、「長方形になる」とか、「正方形になる」とかいうところで思考もストップしてしまうし。…中略…本当に「平行四辺形になる」、「長方形になる」、なったあと、例えば、これを証明してみようとかいう思考にはならずに、点でグルグル遊びだすみたいな。》（2022年2月15日のインタビューでのA教諭の発言）

ICT を活用したことにより、図形の新たな性質を発見する帰納的推論を生徒から引き出すことはできたものの、発見した性質が常に成り立つことを示す演繹的推論には至らなかったと、A 教諭は捉えていた。

この授業では、生徒による演繹的推論を促すためには ICT 活用だけでは限界があることを A 教諭は感じていた。

3.3　A 教諭が受け持つ生徒の意識

では、こうした A 教諭の数学授業を受けてきた生徒の ICT 活用に対する意識はどのようなものであろうか。A 教諭が担当する生徒 59 名を対象に、2022 年 2 月 7・9 日に、数学学習における ICT 活用についての意識調査を実施した。

まず、選択式質問項目に対する回答結果が表 8-1 である。

表 8-1. 意識調査の結果（%）

質問項目	1：そう思う	2：どちらかといえばそう思う	3：どちらともいえない	4：どちらかといえばそう思わない	5：そう思わない
ICT 活用は、規則や性質の発見に役に立つ。	45.8	35.6	18.6	0.0	0.0
ICT 活用は、数学の理解に役に立つ。	35.6	35.6	23.7	1.7	3.4
ICT 活用は、数学の問題を解くのに役に立つ。	22.0	47.5	27.1	3.4	0.0
ICT 活用は、自分の考えや解法をまとめるのに役に立つ。	25.4	39.0	30.5	3.4	1.7
ICT 活用は、自分の考えを発表するのに役に立つ。	25.4	33.9	32.2	6.8	1.7
ICT 活用は、他の生徒の考え方を知るのに役に立つ。	33.9	33.9	27.1	5.1	0.0
ICT 活用は、他の生徒と話し合うのに役に立つ。	20.3	33.9	30.5	10.2	5.1

質問項目	1：そう思う	2：どちらかといえばそう思う	3：どちらともいえない	4：どちらかといえばそう思わない	5：そう思わない
ICTを活用した数学の授業は好きだ。	20.3	23.7	39.0	10.2	6.8
ICT活用は，家庭での数学学習に役に立つ。	13.6	32.2	32.2	5.1	16.9
家庭での数学学習でICTを活用している。	3.4	5.1	27.1	16.9	47.5
私の保護者は，日常生活でICTを活用している。	28.8	16.9	27.1	3.4	23.7
私の保護者は，仕事でICTを活用している。	22.0	23.7	27.1	3.4	23.7
私の保護者は，私に数学学習でICTを活用してほしいと思っている。	1.7	8.5	74.6	3.4	11.9
私の保護者は，私にICTを活用する仕事に就いてほしいと思っている。	5.1	6.8	69.5	3.4	15.3
将来，日常生活でICTを活用する必要がある。	35.6	32.2	28.8	1.7	1.7
将来，多くの仕事でICTを活用する必要がある。	33.9	32.2	27.1	5.1	1.7
将来，ICTを活用する仕事に就きたい。	6.8	27.1	50.8	3.4	11.9

　数学の理解や問題解決に関する項目は、肯定的な回答が6～8割を占めており、規則や性質の発見については81.4％、数学の理解については71.2％、問題を解くについては69.5％、考えや解法をまとめるについては64.4％の生徒が、ICT活用の有用性を認めている。次に、他者とのコミュニケーションに関する項目は、肯定的な回答が5～6割を占めており、理解や問題解決の項目と比べるとやや低い割合ではあるが、他者の考えを知るが67.8％、自分の考えを発表するが59.3％と、半数以上の生徒がICT活用の有用性を認めている。一方、家庭学習に関する項目では、家庭での

数学学習については 45.8％の生徒が役に立つと回答したものの、実際に活用していると回答した生徒は 8.5％しかいない。また、保護者に関する項目では、保護者の日常生活での活用、仕事での活用ともに 45.7％の生徒が肯定的に回答しているものの、保護者の生徒への期待については、数学学習への活用や ICT を活用する仕事に就いてほしいに対して「どちらともいえない」と回答した生徒が 7 割近くおり、ICT 活用に対して保護者が期待を感じている生徒は少ないことが分かる。そして、将来に関する項目では、将来の日常生活や仕事に ICT 活用の必要性を感じる生徒は 6 割近くいるのに対し、ICT を活用する仕事に就きたいと回答した生徒は 33.9％に留まる。

　次に、自由記述式質問項目に対する回答結果は、表 8-2 のとおりである。

　数学学習における ICT 活用の便利さや有用性については、探究・問題解決に関する記述が多かった。特に、図形領域の学習の影響もあり、「実際にどのように図形が変わっていくのかを見ることができるから」、「自分で操作して一目で分かる」、「現実だとすることが出来ないことができる」、「図形などを細かく動かして分かりやすい」といった、図形の性質に関する操作活動に便利さや有用性を感じる生徒が多かった。一方、数学学習における ICT 活用の不便さや困り感については、インターネットの不具合やタブレットの使用・保管・管理に関する記述が多かった。加えて、「それで覚えれるのかが分からない」、「パソコンを触ってると他のことをしてると勘違いされて怒られる」といった学習への悪影響や、「目が疲れる」といった健康への影響に関する記述も見られた。保護者の ICT 活用については、選択式質問項目同様、日常生活や仕事での使用に関する記述とあわせて、活用していない、分からないといった記述も目立った。生徒の ICT 活用に対する保護者の期待についても、分からないという記述や無回答が多く見られた。将来の ICT 活用については、無回答や分からないといった記述が多くみられた。また、仕事や学習、有効活用といった記述に加えて、活用したくないという記述も見られた。

表8-2. 自由記述式質問項目に対する回答結果

質問項目：数学学習におけるICT活用について，便利だと思うことや役に立つと思うことは何ですか

s/n	分類	%
1	探究・問題解決	52.5
2	他者とのコミュニケーション	10.2
3	なし	10.2
4	記述の手間が省ける	6.8
5	情報検索（ネット検索）	1.7
6	分からない	5.1
99	無回答	13.6

質問項目：数学学習におけるICT活用について，不便だと思うことや困っていることは何ですか

s/n	分類	%
1	なし	25.4
2	インターネットの不具合	22.0
3	タブレットの使用	16.9
4	学習への悪影響	8.5
5	タブレットの保管・管理	8.5
6	ソフト・アプリ	3.4
7	健康への影響	1.7
8	分からない	1.7
99	無回答	18.6

質問項目：あなたの保護者はどのようにICTを活用していますか（日常生活，仕事など）

s/n	分類	%
1	日常生活での使用	20.3
2	仕事での使用	18.6
3	活用していない	11.9
4	分からない	28.8
5	その他	5.1
99	無回答	16.9

質問項目：あなたの保護者は，あなたにどのようにICTを活用してほしいと思っていますか

s/n	分類	%
1	正しく使用	15.3
2	学習のため	10.2
3	将来のため	3.4
4	なし	3.4
5	日常生活のため	1.7
6	分からない	45.8
7	その他	3.4
99	無回答	18.6

質問項目：将来，あなたはどのようにICTを活用したいですか（日常生活，仕事など）

s/n	分類	%
1	仕事	18.6
2	有効活用	13.6
3	学習	8.5
4	活用したくない	6.8
5	趣味・娯楽	5.1
6	日常生活（買い物）	5.1
7	コミュニケーション	1.7
8	分からない	18.6
9	その他	8.5
99	無回答	20.3

３．４　A教諭による振り返り

　以上のような数学授業の実践や生徒の意識調査結果を踏まえて、数学教育におけるICT活用に関するインタビューをA教諭に行った。そのなかで、特に感じるICT活用の課題について、A教諭は次のように語ってくれた。

　まず、インターネット回線やタブレットといったハード面の問題をA教諭は指摘する。生徒の意識調査でもみられたように、勤務校のインターネット回線はまだ不安定な状態であり、生徒の学習活動にも大きく影響している。また、タブレットについても、起動の遅さや使用方法の難しさ、さらには、使用するアプリのインストールや設定を教員が行う必要があること、保証契約に必要な予算がないなどの問題があるという。

　次に、ソフト面の問題がある。電子教科書やインターネット上で公開されたデジタル教材はかなりの数が利用可能ではあるものの、自身が意図する授業に適したものには限りがあると述べている。そうした場合、A教諭はデジタル教材の開発を試みてはいるが、開発の難しさや利用できるソフトに限りがあることも課題と感じている。

　さらには、生徒に起因する問題もあるという。タブレット使用に不慣れであることや、慣れた生徒も授業に関係ないサイトの閲覧といった不適切なICT活用があることに加え、ICTを効果的に活用するための学力の不十分さをA教諭は指摘する。例えば、前述した平行四辺形になるための条件を用いる問題では、タブレットを操作し帰納的推論を働かせることはできたものの、その発見が常に成り立つことを証明する根拠となる、平行四辺形の性質や平行四辺形になるための条件が定着していないため、演繹的推論を遂行することができないといった課題が生じた。こうした生徒の学力の低さを克服するには、ICT活用よりも習熟のための練習問題を課す時間を増やした方がいいのではないかと述べていた。数学概念のイメージの視覚化や帰納的推論の促進、反例の示しやすさといった、数学学習におけるICT活用のメリットは感じながらも、こうした課題のため、生徒の学力向上に貢献できるのかといった疑問をA教諭は抱えている。

3.5　A 教諭の葛藤

　A 教諭を取り巻く社会では、世界的動向と同様、ICT 活用が進んでおり、そうした動向を反映し、勤務校においても ICT 活用が推進されている。こうした状況は、学校教育における ICT 活用の普及というグローバル化と言える。

　一方、普及が推進されている ICT 活用は、生徒の情報活用能力の育成や ICT に使い慣れることが意図された、学校教育全般での活用という特色のため、A 教諭の専門である数学教育への貢献は限定的となり、また、A 教諭が教科担任として接する生徒の実態との乖離により、生徒の学力向上や ICT 活用に対する意識向上にもつながらないという葛藤が生じている。つまり、A 教諭の数学教育における ICT 活用には無のグローカル化という色合いが滲んでみえる。

　しかしながら、そうした状況の克服にむけて、A 教諭は独自のデジタル教材の開発とその授業実践への導入を試み、生徒の学力向上の実現にむけた ICT 活用という存在のグローカル化への挑戦を続けている。

第4節　今後の展望

　2021 年 3 月に閣議決定された第 6 期科学技術・イノベーション基本計画は、我が国が目指す未来社会を「直面する脅威や先の見えない不確実な状況に対し、持続可能性と強靭性を備え、国民の安全と安心を確保するとともに、一人ひとりが多様な幸せ（wellbeing）を実現できる社会」と表現している。また、そうした社会を支える人材には、「既存の枠組みや従来の延長では対応できない課題に取り組む能力」が必要であり、初等中等教育の段階から、好奇心に基づいた学びを実現し、課題に立ち向かう探究力を強化する必要性を強調している。その実現に数学教育がどう貢献するかが問われており、そこに ICT 活用がどんな役割を担えるかを数学教育に携わる我々は熟慮すべきである。

　長年、数学教育における ICT 活用を研究してきた飯島康之（2021a）は、「ICT の安易な利用は危険であることを、私たちは熟知してきた。世論に

引きずられるのではなく、次世代の数学教育には何が適していて何が適していないのか、その議論に関するイニシアチブを握っていくことが重要」（p.25）だと指摘する。そして、「ICT は数学的探究を変える道具であると同時に、生徒あるいは生徒集団の学びを変える道具であり、授業を変える道具」（p.29）としてどう活用するかが課題だと述べている。直面する生徒や教育環境、社会背景を考慮し、質の高い数学教育にむけていかに ICT を活用するか、我々の専門性が問われている。

学習課題
１．これからの数学教育に求められている ICT 活用とはどんなものか。
２．そのために数学教師は何ができるか。

引用・参考文献
飯島康之（2021a）「『第二の現代化』を実現していくためのインパクトとして ICT を使いこなす」『日本数学教育学会誌』103(5)：23-30.
岡本和夫他（2021）『未来へひろがる数学 2』啓林館.
小田亮（2010）「序論　グローカリゼーションと共同性」『グローカリゼーションと共同性』：1-42.
三省堂編修所／編（2020）『コンサイスカタカナ語辞典　第 5 版』三省堂.
ジョージ・リッツァ著、正岡寛司監訳(2005)『無のグローバル化—拡大する消費社会と「存在」の喪失』明石書店.
統合イノベーション戦略推進会議（2019）『AI 戦略 2019 〜人・産業・地域・政府全てに AI 〜』https://www.kantei.go.jp/jp/singi/ai_senryaku/pdf/aistratagy2019. pdf
中央教育審議会（2021）「令和の日本型学校教育」の構築を目指して〜全ての子供たちの可能性を引き出す、個別最適な学びと、協働的な学びの実現〜（答申）https://www.mext.go.jp/content/20210126-mxt_syoto02-000012321_2-4.pdf
内閣府（2019a）「統合イノベーション戦略 2019」（令和元年 6 月 21 日閣議決定）https://www8.cao.go.jp/cstp/togo2019_honbun.pdf
内閣府（2019b）「安心と成長の未来を拓く総合経済対策」（令和元年 12 月 5 日閣議決定）https://www5.cao.go.jp/keizai1/keizaitaisaku/2019/20191205_taisaku.pdf
内閣府（2021）「科学技術・イノベーション基本計画」（令和 3 年 3 月 26 日閣議決定）https://www8.cao.go.jp/cstp/kihonkeikaku/6honbun.pdf
文部科学省（2019）『教育の情報化に関する手引き（令和元年 12 月）』https://www.mext.go.jp/a_menu/shotou/zyouhou/detail/mext_00724.html
文部科学省（2021a）「令和 2 年度学校における教育の情報化の実態等に関する調

査結果（概要）（令和 3 年 3 月 1 日現在）〔確定値〕」https://www.mext.go.jp/content/20211122-mxt_shuukyo01-000017176_1.pdf

文部科学省（2021b）「端末利活用状況等の実態調査（令和 3 年 7 月末時点）（確定値）」https://www.mext.go.jp/content/20211125-mxt_shuukyo01-000009827_ 001.pdf

さらに知識を深めたい読者のための参考文献

飯島康之（2021b）『ICT で変わる数学的探究：次世代の学びを成功に導く 7 つの条件』明治図書.

文部科学省ウェブサイト「StuDX Style」https://www.mext.go.jp/studxstyle/

第9章

学びの個別化：都市部における ICT 教材と僻地におけるケアの教育

内田 豊海

概要

　学校教育では、主に一斉授業が行われ、教育の機会と質を担保している。そこでは個人差が十分に考慮されず不可避的に学びから取りこぼされる児童・生徒も出てくる。本章では、そのような児童・生徒に目を向けるべく、「学びの個別化」をキーワードとしながら、2つの事例を取り上げる。1つ目はICTの進歩と共に通常の教室の中で模索され始めた新たな学び方について、2つ目は様々な理由から教室に居られなくなった児童・生徒が居場所を求めやってきた僻地での学びについてである。学びの個別化いう観点から2つの事例を考察し、その可能性と課題について考察する。

問い

1．学びの個別化とはどのような学習形態か。
2．学びの個別化で可能になる学び、不可能になる学びとは何か。

第1節　「学びの個別化」の背景

　学校教育は、教育課程に則り、同年齢の学習集団に対して、同一の学習目標や内容の授業を実施することで、児童・生徒（以下、どちらか一方の場合もどちらの場合も両者を含めて生徒とする）に平等な学びの環境を提供してきた。日本でも近代化とともに取り入れられたこの極めて効果的な教育方法は、今日に至るまで大きな成果を上げ、世界中に浸透している。

　一方で、この方法は暗黙のうちに学習者の同質性を前提としている。そしてその前提が同質性が高いと言われてきた日本でも近年崩れかかってい

る。その背景には2つの要因が考えられる。1つ目は学習者の多様化である。1つの教室に様々な経済的・文化的などの差異を持った学習者が存在するようになってきた。さらに特別支援を必要とする生徒の増加が顕著であり、個別支援へのニーズが高まってきている。2つ目は、研究の発展による事実認識の更新に起因する。教育学はもとより、社会学、生物遺伝学などの研究の発展により、同様の学習環境にあっても、学習の進捗には大きな個人差が生まれることが明らかになってきた (Kovas el al., 2007)。一見当然なこの事実は、わたしたちが教育を考えるに際し、過小評価してきてしまったのではないだろうか。結果として、近代社会が前提としてきた「同じ時期に同じ内容を学ぶこと」についていくことができなかったり、また何らかの要因で学習集団から排除される生徒が出てきたりする事態が生じる。このような同質性から取りこぼされた学習者たちも含めて教育の在り方を再検討することが今後の課題と言えるだろう。

　本章で取り上げる「学びの個別化」はまさにこの課題に立ち向かう学習形態である。そこで、まず「学びの個別化」とは何かを、グローバル、ローカルのそれぞれの側面から見ていく。文部科学省は、2021年に『学習指導要領の趣旨の実現に向けた個別最適な学びと協働的な学びの一体的な充実に関する参考資料』を提示し、その中で、「新たな学校における基盤的なツールとなるICTを最大限活用しながら、多様な子供たちを誰一人取り残すことなく育成する『個別最適な学び』と、子供たちの多様な個性を最大限に生かす『協働的な学び』の一体的な充実が図られることが求められる」としている（文部科学省, 2021, p.4）。「誰一人取り残すことなく」ということは、学習状況の異なる一人ひとりの個別のニーズに見合った学習環境を用意するということである。この授業形態はAIの普及とビッグデータの蓄積を基盤とし、教育へのICTの浸透により初めて成り立ち得る。ICTやビッグデータなど現代社会における基盤として世界に広まりつつあるという意味で、本章ではこのような潮流を「グローバルな学びの個別化」と呼ぶことにする。

　さて、この文科省の指針以前にも、学びに取り残された生徒に対して、様々な支援がなされてきた。本章ではその中から「山村留学」を取り上げ

る。山村留学は、僻地の小規模学校へ国内留学し、地域に根ざした学びを生徒に体験させるという地方自治体の取り組みである。この取り組みは、学校教育から取りこぼされた生徒を、学校教育の中で救おうという側面を強く持ち、少人数学級におけるまさに「学びの個別化」と呼ぶことができる学習が行われている。そしてその教育実践から、学校教育が本来的に内包している「ケアとしての教育」の可能性を見出すことができる。山村と場所が持つ自然環境や人間関係の魅力を生かし、本章ではこのような学びを、「ローカルな学びの個別化」と呼ぶことにする。

第2節　AI学習教材の展開（グローバルな「学びの個別化」）

　2010年代に教育とテクノロジーを組み合わせた造語である Ed Tech が浸透し始め、それを受け開発された学習支援ソフトは様々な形態の広がりを見せている（井上・藤村, 2020）。その中でも本節では学校現場において急速にシェアが拡大している AI 型学習ソフト Qubena（キュビナ）を取り上げる。Qubena はこれまで学習塾などで集積された大量のデータを AI に学習させることにより、生徒の躓きを分析し、学習の個別最適化を可能にすべく開発されたソフトである。例えばある単元を学習する際、Qubena が提示した問題を生徒が解いていく。途中である問題が解けずに、同様の間違いを繰り返すと、その傾向から AI ソフトが自動的に学習者が問題を解くために必要な知識・技能を特定する。そしてその内容に該当する特定の学年あるいは単元に引き戻し、再度復習を促す。生徒はここで Qubena に提示された復習事項を確認しながら必要な知識を学習し直し、本時で躓いた課題に再度挑む。そして解決に至るという仕組みになっている。つまり、生徒に必要な知識・技能を的確に把握・提示することで、円滑な学習の進捗を促すことができる。

　この学びに目を向けたのは経済産業省であった。この新たな学習形態を、「学びの個別最適化」と定義し、「指導の個別化」と「学習の個性化」を学習者視点から整理した概念として捉えた（浅野, 2021）。その上で2018年から開始した「未来の教室」プロジェクトに Qubena を採択し、東京都

の麹町中学校で個別最適化された学びを基盤とする授業を試験的に実施した。このプロジェクトでは、数学の授業での一斉授業が廃止され、生徒が個々に Qubena を用いて学習する授業形態が取られ、その結果、大きな学習効果をあげることが報告された。それを受け、この AI 型学習支援ソフトは現在 1,800 校以上の小中学校で導入されている（2022 年 3 月現在）。

　学校現場における Qubena の活用法は現場のニーズに合わせ多岐にわたる。授業の導入や単元の導入で使われる場合もあれば、復習や家庭学習で用いられる場合もある。最も広範囲に活用している学校では、数学の学習全てで Qubena を用いた授業を実施している。この場合、学習者は授業が始まると Qubena を用い、ソフトが提示する問題を個別に取り組み、その取り組みの結果から、各自の判断で自由に学習を進めていくという授業形態が展開されている。この授業の主目的は、「学びを主体的に行うこと」である。学びが個別化されることにより、学習者は自分自身の進度に責任を持ち、自己決定の上で学習を進めていく。その際、教師の役割は従来の授業と大きく変わることになる。具体例を見ていこう。

　先述した麹町中学校では成績の上位 3 分の 1 以外の 3 分の 2 の生徒に Qubena を用いた授業を導入し、完全に個別最適化を目指す授業を実施した。また上位 3 分の 1 の生徒は従来の一斉授業を行うという形態をとった。以下、麹町中学校の報告内容をもとに記述していく（COMPASS, 2018）。

　　授業が開始されると、生徒はタブレットから Qubena を開き、それぞれの進度に合わせ問題を解き始める。どの早さでどれだけの問題を解くかは個人により自由である。生徒は自由に話し合ったり、教師に質問したり、また塾でもらった教材を机の上に出し併用したりしながら、各自が自身の学習形態を試行錯誤しながら確立していく。Qubena を用いた学習を通して、それまでの一斉授業における学びとは一線を画した生徒個々の変容がみられるようになった。受け身だった授業が、自らの意思で進度を選択でき、また「わからない」ことに対して AI が適切と判断した問題を提示し、必要な知識・技能を獲得することで、自らの力で乗り越えることができた。

導入当初、授業が始まっても何もしない生徒が見受けられた。そのような生徒にいかに指導するか話し合った結果、教育目標は生徒の自立にあり、受け身の授業からの脱却を図っているのであるから、教師側から積極的に働きかけることなく、生徒が主体的に学び始めるまで見守ろうという結論に至った。その結果、あるタイミングで生徒たちはみなQubenaに向き合い、自ら学ぶことができると実感すると他者との交流も活発になり、最終的に指導要領に定められた学習内容を通常の半分以下の授業数で終わらせることができることが確認された。

　浅野（2021）は教師の意識変容を調べるためにインタビューを行い、「一人ひとりがじっくりと自分のペースで課題に取り組むようになりました。いままでは、理解に時間のかかる子は周りの子が気になって焦りがちでしたが、いまは気にすることなく"自分の課題"に集中するようになりましたね」という教師の言葉を紹介している。一方で教師が戸惑う姿として、若い教師であるほど「教職課程で学んできたことと違う」「自分の憧れていた姿、やりたい授業とは違う」という葛藤を感じたり、Qubenaに向き合い徐々に主体的に学び始める生徒の姿を目の当たりにし、教師の教育観に大きな変化が見られるようになったり、としている。
　ここで見られる数学教育は、従来とは学ぶ内容が個人によって大いに異なる。結果として生徒が習得する能力にも差異が生じる。その是非は本稿で深入りすることはしない。AI型学習ソフトによる学びの個別化は、学習者の自由な学習進度を保証するものである一方、これまで数学教育で重視されてきた協議による学びの深まりに焦点は当てられない。実際に、Qubenaでの学びは、線形的であり、学習者が自らの意思で横道に逸れたり探究を求めない限り、一直線の指し示された平坦な道を進み続けるものである。その性質故に麹町中学校では、成績上位3分の1は従来通りの一斉授業を行ない、数学的探究を深めている。
　また、「未来の教室」プロジェクトでは、この学習方法はSTEAM学習と対になっている。個別最適化された学習によって学習者は通常の半分以下の時間数で各年度の学習内容を終えられることが報告された。そこでそ

の残りの時間を、協働的なプロジェクト学習に当てようというものだ。その際、企業から公募した STEAM 学習の教材が学習課題として想定されており、教員はインターネット上のライブラリーから自由に教材を使用できる。この根幹には教育と現実社会とを強く関連付ける目的がある。それは、学習者と社会を結びつけるという意図だけでなく、拡大する ICT 教育市場へ企業を参入させたいという経産省の狙いも働く。国際的な教育分野の ICT 市場規模は 2011 年では 400 兆円に、そして 2020 年には 600 兆円にまで達している（佐藤，2021）。今後、更なる拡大が予想されており、まさにこの点においてグローバルな教育の流れが見て取れる。今後さらに加速するであろう教育 ICT 市場の拡大と教育の産業化を、教室の内側から学習実態をもとに把握・検証する必要があろう。

第 3 節　僻地校における学び（ローカルな「学びの個別化」）

　前節では、都市部を中心に起きている ICT を用いた産業と教育の融合、学びの個別化と効率化の同時進行していることに関して論じた。しかしそのような学びについていけなかったり、近代教育が前提としてきた集団の学校生活に難しさを感じたりする生徒たちもいる。そしてそのような子供の受け皿の一つとして、多くの地方自治体が山村留学を推進している。都会、集団から飛び出し、自らの居場所を僻地の学校に求める行為は、場所が農村であること、農村が有する自然環境や人間関係に支えられていること、したがって個別性が高いことなどから、ローカルなものとして捉えられる。

　NPO 法人である全国山村留学協会は、過去 45 年にわたるデータを集積し、毎年の受入状況を報告している。それによると、1976 年では全国で受け入れ校が 2 校、参加した生徒が 9 名であった。そこから参加自治体が徐々に増えていき、2020 年では受け入れ校 124 校、参加者 668 名にまで拡大している。その中でも鹿児島県が最も多く受け入れをおこなっており、2020 年の実績は、14 の市町村における 53 の学校で計 194 名が参加している。

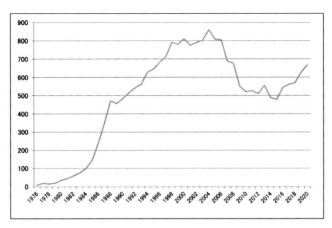

図9-1. 山村留学整数の推移（全国山村留学協会, 2020）

　具体的に推移を見ると、山村留学生数は、1980年代から急速に数が増え、2000年代にピークを迎え、900人に迫る。しかし、自治体合併やホームステイ先の高齢化、地元生徒数の減少、学校統廃合等、様々な要因により減少に転じた。その後、2015年ごろより新たに参入する学校が増え、また実績のある学校や地域が評価され安定した留学生を確保できるようになり、増加傾向にある。

　大幅な減少を受け、各自治体や学校は山村留学の在り方を見直し、魅力ある教育活動を展開すべく地域性を活かした独自の教育を打ち立てている。例えば、2021年度の鹿児島県の山村留学募集要項を見ると、19の市町村でそれぞれ独自のプログラムを作り小学校38校、中学校4校、高校1校、小規模の小学校と中学校が併設した小中学校21校において留学生を募集している。JAXAのロケット基地で有名な種子島では、北から西之表市、中種子町、南種子町の3つの自治体があり、それぞれが「しおかぜ留学」「うみがめ留学」「宇宙留学」と名づけられた各市町の特色を活かした山村留学プログラムを実施している。

　さて、ここからは具体的な事例を通し、山村留学におけるローカルな学びの現状を見ていく。生徒の個人情報への配慮から、事実関係は正確に記すが、島や学校等についての詳細な記述は避ける。また本稿の内容は、許

可を得た上で定期的な担任へのインタビューと現地での参与観察を行った結果をもとにしている。

　1つ目の事例は、東京から母親と共に島に来た小学校1年生の児童（以下A君）を取り上げる。A君は関東圏に両親と住んでいたが、小学1年生に進学する4月から1年間山村留学することを決め、母親と共に島へ移住してきた。

　A君が通うことになった小学校（B校）は1、2年生は複式学級で、1年生2名、2年生2名の4名が在籍しており、その内1年生2名と2年生1名は山村留学生であった。算数の授業を通して、A君は高い能力を有していることに教師が気づいた。一方で自己肯定感が極端に低く、何かあると人目を隠れて泣く姿がよく見られた。何かに対して挑戦する際に、やる前に先を考え、「失敗したらどうしよう」という恐怖感を常に持ち、結果として何に対しても挑戦することができないという状況が続いていた。また、休み時間などでも友達と遊ぶよりも教師といることを求め、常に教師の後をついて回った。

　そのような状況で、教師は授業を通し、A君の自己肯定感の回復と主体性の芽生えを促す取り組みを始めた。A君が抱える難しさに対して、改善策を模索しながら試行錯誤を繰り返し、1年間をかけ少しずつA君の成長を実感してきた。ここで重要なことは、この成長が決して算数の知識や技能の習得ではないことにある。先述したように、A君は元々算数への意欲も高く、能力も持ち合わせていた。一方で、教師の見出した特性として、A君は解いた問題を他者と共有することを非常に恐れていた。同時に、教師からは「よくできているね」という肯定的な言葉を待っていた。つまり、人の視線に対する恐怖感と、人から肯定されたいという承認欲求が混在した状態になっていた。それを解くために、教師は複式学級の特徴を活用することにした。算数の授業で、もう1人の一年生へのリード役として授業を任せることで、A君の自己肯定感は少しずつ向上し、また2年生から1年生へ授業をしてもらうことで、知らないことや間違えることが当たり前のことであることを実感しながら、他者の視線に自然に慣れるような配慮を施した。その結果、A君は他者との間で承認しあえるようになり、次第に

さまざまなことへ積極的に参加できるようになっていった。

　このように山村留学の大きな特徴は、一人ひとりの生徒に対し、教員が深く関わることができることにある。大人数では叶わない個別的な学びを提供することで可能となる教育がそこにある。例えば、文章題を解くに当たって、授業中に話し合いながら問題を解決できる生徒が、翌日に同じ問題を出題すると解けないというケースがあった。この生徒が抱える課題を教師らが検討した結果、文章題に表記されている漢字を一切読むことができていなかったことが判明した。これは、個別に診断的評価を行い得る環境下では、生徒の実態を適切に把握できることを示していよう。また、自由奔放な性格で課題や宿題をできるだけ避けようとする傾向が強い生徒に対し、教師たちは放課後の個別指導をおこなったり、さらには夏期・冬期の長期休暇になると、実家に帰省したに際に定期的にZoomを活用し、宿題の指導を行った。このように生徒の個性に応じた支援を行うことで、負荷を与えるのではなく、安心感をもたらす環境を構築しながら、彼らの人間的成長を促している。

　これらの事例を通し、山村留学から見えてくるのはケアの教育の重要性である。一人ひとりに寄り添い、特性を把握し、今何が必要なのかを判断して教育できる環境がそこにはある。自分が大切にされているという感覚が子供たちの中に芽生え、自らの居場所を見出していく。子供と教師の相互関係の中から「自身が肯定されたという認識」が生み出される。そしてその認識が人の個性を形作る（村上, 2021）。同質性の高い集団の中での比較や競争で失った自信や歪んでしまった自己肯定感が修復され、成長していく。B校では、生徒の成長の過程を捉えることができた。

　コロナ禍という特別な状況もあり、B校では、山村留学生の妹や弟たちが、姉、兄の変わっていく姿を目の当たりにし、自ら希望して留学する場合が目立つようになった。2022年度には、3組の妹弟を受け入れることが決まっている。ケアの場としての山村留学は、そのローカル性を最大限に活かした仕組みとなっている。

　無論、全ての山村留学がこのような肯定的な結果を生むわけではない。少人数の学級は一人ひとりの精神状態が人間関係や空間の雰囲気に強く影

響を及ぼし、脆く崩壊する事例も見られる。また、島の生活に馴染めない子供たちもいる。

　最後にもう一つ事例を紹介して、この節を締めたい。2021年3月末、筆者は港で1人の少女を見送った。中学2年生の彼女はいじめにより年間70日しか学校に通えなかった。中学校の先生からの勧めで山村留学を決意し、ちょうど新天地に出航するところだった。少女は偶然同じ便で島に赴任する新任の教師と共に船に乗り、甲板の上に立った。動き出した船の上で新任教師が大粒の涙を流しながら見送る人々に手を振っている横で、少女は1人、硬い表情のまま俯いていた。それから1年間、新任教師は少女を見守り、その変化を目の当たりにした。無気力で一言も声を発さなかった少女が、次第に明るく喋るようになり、土日には高校受験のために朝から晩まで学校で勉強をするようになった。夏休みに地元に戻ると、彼女は留学前の中学校を訪ね、夏休みの期間、勉強するために教室を貸してくれないかと頼んだ。すぐに元の中学校から留学先の学校に電話が入った。こんなにも変わった少女の姿を見て胸がいっぱいになり、感謝の気持ちを伝えたかったと。彼女に、なぜ前向きに変われたのか聞くと、教室の中で次第に自分の殻が破けていくことを感じたと答えた。今までいい子であろうと努めていたものが、教師との関わりの中で、素の自分が見つけられ、そのままでいていいという安心感が何よりも自分の支えになったと。そしてその関係性が築かれたのは、数学の授業の中であった。1年が経ち島から旅立つ日、船の上で少女は泣いていた。島で見送る教師や子供、島民たちも皆泣きながら手を振っていた。旅立つ際に少女が新任教師に手渡した手紙には、将来の夢が書かれていた。島で見つけた彼女の夢は、中学校教師になることだった。

　彼女の変化は、一つ一つの授業の積み重ねの結果から生じたものである。私たちは教科教育を論じる際、しばしば個別の授業のみで物事を判断しようとする。しかしながら、数学教育を人間成長を促す文化的営みとみなす時、長期的観点から人間的成長をも視野に入れる必要があろう。それに対して、彼女が受けた数学教育は、教師と生徒の間で築かれた1年間の授業過程であり、彼女の成長は数学教育の中にありながら、数学的側面だ

けでは捉えられない成長を遂げた。

第4節　グローバルとローカルを結ぶもの

　本章では、AIソフトによる個別最適化された学びと山村留学での個別最適化された学びを取り上げた。これらの取り組みは、従来取り残されてきた生徒に焦点を当て、主体性や自尊心を回復する役割を果たし得るものであった。一方で、それぞれ課題も山積されている。本節では、今後取り組むべき課題を整理して、締めくくりたい。

　まず、AIソフトを用いた学びは、生徒の主体性を育む学びであった。AIソフトが提示する個別最適化された教材を通し、生徒は主体的に自分のペースで学習に取り組み、問題解決を重ねることで、自己肯定感が芽生えていった。さて、現在のQubenaによる学びで生徒が選択できるものは学習を進める速さのみであり、先に述べたように、この主体性は言わば教科書を学び進める速さという線形的なものである。クラス全員で同じことを同じ時間に学ぶという従来の一斉授業に自由で個別な進度という選択肢が一つ増えたこと、学びの形態はAIの指し示す問題を解決することという点に集約される。さて、数学教育では、数学的思考の深まりを重視しており、それは思考の多様性であった。この観点から見ると、Qubenaを用いた学びは、進度という自由度を得た代わりに、深度そして選択肢という多様性を失ったことになる。それを保証することは数学教育の上で本質的なことであり、この観点から見ると、Qubenaの学びは画一的な教材提示であり、形式的な学びの形態とみなせる。学びの個別化とは、本質的には多様な生徒が自らに合った学びを展開するものである。それに対して、本章で取り上げた「グローバルな学び」とは、多様性ではなく画一性の学びに陥る危険性を秘めている。

　次に、山村留学である。ここでの学びは、生徒の実情に合わせ、教師が個別に提供するものであった。これは、教師と生徒の関係性の中から紡ぎ出された学びである。集団の中で孤立化していた生徒が、山村における学びの中で自らの価値を実感し、自己を再生していく過程が浮き上がった。し

かしながら、この学びは山村留学という特別な状況下で成り立つものであり、いずれ生徒はそれぞれの場所に帰っていく。そして、帰っていった先では、このケアの教育は必ずしも保証され得ない。山村留学の学びは、個別なケアが可能となる特別な条件下での限定された教育である。

表9-1. 学びの形態とその特徴

	AIソフトによる個別最適化された学び	山村留学での個別最適化された学び
場所	タブレットとソフトが整った環境	農村部
特徴	効果的な学習と発展的な学習 主体性と自己肯定感の高まり	ケアと自律的な学び 自己の再生
教師	AIソフトによる自習の見守り 個々の生徒の状態を認識	個別に関りを持つ 最適化された学びの提供

　生徒は多様である。一方で、近代社会によって作られた学校教育は画一的な制度のもとに成り立っている。その歪みが同質性から取り残される生徒を生み出していく。この課題に対する取り組みである AI 型学習支援ソフトと教育におけるケア、この両者を結びつけ新たな可能性を見出すとすれば、教師の役割の変化ではないだろうか。これまで授業の実施主体である教師が、場合によってはそれを AI ソフトや学習者本人である生徒に譲渡し、彼・彼女たちの個別的学びを見守る存在へと変容していくこと、多様な生徒が多様な学びを行い得る環境を整えること、それが、本章で見てきたグローバルな学びの個別化とローカルな学びの個別化の両者から学ぶべき点であろう。「教えから学びへ」というスローガンは聞いて久しい。その重要性は認識しながらも、同時に、従来の授業の枠組みの中で全ての生徒が主体的に学びを展開することは難しさを感じられずにはいられない。
　グローバルな潮流としての AI 型学習支援ソフトによる学びの個別化と、ローカルな少人数学級におけるケアとしての学びの個別化、その両極の間に新たな教育の可能性を具体化していくことが今後の課題であろう。学びの個別化は、主体性と自己肯定感を育み、それは学びの協同化を可能とする。教師のケアのもと、生徒が互いに協働する中で算数・数学的学びを深

めていく、そのような学びを想起することが今後求められるのではないだろうか。

　本章で取り上げた 2 つの学習形態の他にも、冒頭で述べた課題意識を共有する、新たな教育を模索する授業実践が行われ始めている。それは、個々の教師が実践する教室レベルでも、教師同士が課題意識を共有した学校レベルでも、さらには広島県など教育委員会が主導する行政レベルでも、様々な段階に現れている。そしてその根底には「学びの個別化」と「協同化」の理念が共通している。一斉授業が抱えている課題からの脱却を図ろうという実践のうねりは、教育が今まさに分岐点を迎えている兆しなのかもしれない。AI ソフトや離島での学びが可能性と同時に課題を抱えているように、新たな実践は常にその両面を孕む。大切なことは、課題に目を向け過ぎその可能性を奪うことではなく、新たな試みに挑戦している教師が目指す方向性に共感しながら背中を押していくことであろう。

学習課題
1．特定の単元における学びの個別化の具体的な授業を想定してみよう。
2．その際、必要となる能力や教材とはどのようなものであろうか。

引用・参考文献
浅野大介（2021）『教育 DX で「未来の教室」をつくろう』学陽書房.
井上義和・藤村達也（2020）「教育とテクノロジー：日本型 EdTech の展開をどう捉えるか？」『教育社会学研究』107：135-162.
株式会社 COMPASS（2018）「AI 教材『Qubena』の学校教育への導入実証」『「未来の教室」実証事業報告 2018 年度』経済産業省.（https://www.learning-innovation.go.jp/existing/doc/a0015/verify_a0015_achievementreportN.pdf?220715）
佐藤学（2021）『第四次産業革命と教育の未来：ポストコロナ時代の ICT 教育』岩波書店.
山村留学協会『2020 年度版　全国の山村留学実態報告書』NPO 山村留学協会.（https://www.sanryukyo.net/tyousa-2020mono.pdf）
大門耕平・坂井武司・中島晃貴（2021）「数学教育におけるアダプティブラーニングを用いた効果についての研究：アダプティブラーニング教材 Qubena を用いた教育実践」『京都女子大学学習支援センター研究紀要』3：135-143.
村上靖彦（2021）『交わらないリズム：出会いとすれ違いの現象学』青土社.
文部科学省（2021）『学習指導要領の趣旨の実現に向けた個別最適な学びと協働的な

学びの一体的な充実に関する参考資料』（https://www.mext.go.jp/content/210330-mxt_kyoiku01-000013731_09.pdf）

Kovas, Y., Haworth, C.M., Dale, P.S., & Plomin, R. (2007) The Genetic and Environmental Origins of Learning Abilities and Disabilities in the Early School Year. *Monographs of the Society for Research in Child Developmen*t, 72(3) : 1-144.

さらに知識を深めたい読者のための参考文献
奈須正裕（2021）『個別最適な学びと協働的な学び』東洋館出版社.
苫野一徳（2014）『教育の力』講談社.

第10章

大学における国際協力・国際交流でのICTの利用と可能性
−福井大学とマラウイ共和国ナリクレ教員養成大学との協働実践−

高阪 将人

概要

　マラウイ共和国（以下、マラウイ）は東南部アフリカに位置する内陸国である。そこでは 1994 年の初等教育の無償化に伴い、初等中等教育の就学者数が増加した一方で、有資格教員の不足による教育の質の低下が問題となっている。そこでは、知識伝達型の授業から探究的な授業への転換を目指し、カスケード方式（伝達講習方式）の研修と、それを補完する形でクラスター

図10-1. マラウイ共和国

方式（グループ研修方式）の研修が実施されている。本実践は、2017 年に我が国の無償資金協力で建設された、ナリクレ教員養成大学及びその附属学校において行われた。現在、ナリクレ教員養成大学及び附属学校では、授業研究を通した教師の職能成長が目指されている。これまでは、マラウイに渡航することで協働実践を行ってきたが、新型コロナウイルス感染症拡大の影響を受け、オンラインで実施することを余儀なくされた。本章では、ICT を用いた協働実践体制がどのように構築されていったのか、また協働実践過程における授業研究の捉え方の変容から、グローカルな算数数学教育の可能性について探っていく。

問い

1. ICTを用いた協働実践体制はどのように構築されたか。
2. 授業研究のグローカル化はどのように進んだか。

第1節　本章におけるグローカルな算数数学教育

　グローカル化という言葉は 1980 年代に海外市場に進出して行った日本企業が販売戦略として使い始めた和製英語に起源をもつ（木原・竹井, 2021；上杉, 2014）。その後、グローカル化は社会学においても用いられるようになり、教育分野においても着目されるようになった（木原・竹井, 2021）。グローカル化の概念や定義は、使用される分野や文脈に応じて多様ではあるが、同時進行性と相互作用性の 2 つの要素が共通している（上杉, 2014）。そこで、本章では上杉（2014）の定義にならい、グローバル化とローカル化が同時進行し、グローバル化とローカル化が相互に作用・影響を及ぼすことをグローカル化と捉える。

　算数数学教育のグローバル化とローカル化については、第 1 章にて馬場が指摘するように、グローバル化を算数数学教育の普遍性の視点から、ローカル化を算数数学教育の固有性の視点から捉える。また、算数数学教育にはカリキュラムや学習指導、教師教育が含まれる。したがって、本章では、算数数学教育におけるカリキュラムや学習指導、教師教育の普遍性及び固有性が相互影響を与えながら同時進行する過程の総体を「グローカルな算数数学教育」とする。

　本章では、大学における国際協力・国際交流での ICT の利用と可能性として、マラウイのナリクレ教員養成大学及び附属学校と福井大学による、授業研究の協働実践を取り上げる。そこでは、協働実践体制の構築過程や、授業研究の捉え方の変容から、教師教育分野におけるグローカルな算数数学教育について考察する。なお、ナリクレ教員養成大学及び附属学校においては、数学と理科の教員が協働で授業研究を行っているため、算数数学教育に加えて理科教育の内容についても扱う。

第2節　ナリクレ教員養成大学及び附属学校とのこれまでの取り組み

　マラウイでは、1994 年に初等教育が無償化された結果、初等教育就学者数及び中等教育就学者数も急激に増加し、中等教員が不足することとなった。そのため、同国政府は初等資格教員を中等教員として再配置する

ことにより、当面の量的不足に対応してきた。この初等資格教員とは教員養成校で2年間の教員研修を受けた者を指す。その結果、中等教育におけるアクセスは改善されつつある一方、その質的側面に着目すると、有資格教員の不足や、後期中等教育修了資格試験での低い合格率等多くの課題が残されている。こうした状況を受け、マラウイ政府はJICAの協力の下、2004年から理数科教育分野における現職教員研修制度の構築及びその実施に取り組んでいる。そこでは、カスケード方式（伝達講習方式）の研修と、それを補完する形でクラスター方式（グループ研修方式）の研修が実施されている。

　このような状況の中、福井大学は2016年度からJICA課題別研修「授業研究における教育の質的向上」において、マラウイを含むアフリカ諸国から研修員を受け入れている。2016年から2021年までの5年間で合計11名がマラウイから福井大学の研修に参加している。そこでは、省察的実践者の教育（Schön, 1983）やコミュニティ・オブ・プラクティス（Wenger, McDermott & Snyder, 2002）を基盤とし、省察的授業研究過程をたどり、長期的な学習過程のプロセスを探り、教師の専門職学習コミュニティ構築に向けた展望を検討した。帰国後それぞれの研修員が、教師の専門職学習コミュニティを構築し始めている。

　本節で取り上げるナリクレ教員養成大学及び附属学校は2017年1月に我が国の無償資金協力によって設立され、マラウイが抱える有資格教員不足という課題に対して、教員養成及び現職教員研修の中核的な役割を担うことが目指されている。また附属学校は、5つの中等教育学校からなるナリクレクラスターの中心校であり、それらが合同で行う現職教員研修の中核を担う役割も有する。福井大学は2017年からナリクレ教員養成大学及び附属学校と交流を行っている。2017年10月にナリクレ教員養成大学及び附属学校を訪問し、マラウイの教員養成及び現職教員研修について意見交換を行った。その際に、先方から授業研究の継続的支援を見据えた、協定の締結依頼があった。その後も毎年双方の教員が行き来するとともに、ナリクレ教員養成大学教員がJICA課題別研修に参加している。さらに、2020年2月にナリクレ教員養成大学の副学長を招聘し、大学間学術

交流協定を締結した。

　2020 年 2 月までは、双方が行き来し、国際協力に取り組んできた。しかしながら、2020 年 3 月頃からの新型コロナウイルス感染症拡大の影響を受け、国際協力の在り方の転換に迫られることとなった。

第 3 節　ICT を用いたナリクレ教員養成大学との協働実践体制の構築過程

　2020 年 10 月にも例年通りマラウイにフォローアップに行く予定であったが、新型コロナウイルス感染症拡大のため渡航を断念し、その代替案を模索することとなった。2020 年 11 月 19 日にナリクレ教員養成大学教員とのオンライン会議を設けた。そこでは、ナリクレ教員養成大学において、授業研究を実施するためのチームを結成したことが伝えられ、1 月にオンライン研究会を実施すること、2 週間に 1 回程度 Zoom にて接続し授業研究を協働で実施することについて協議した。

　上記打ち合わせを踏まえ、2020 年 11 月 26 日に 2 回目の会議を行った。ナリクレ教員養成大学の授業研究チームのメンバーの多くは、JICA の各種研修を通して日本やザンビアにおいて授業研究の研修に参加しており、小学校から大学において授業研究の実施に取り組んでいる。また、授業研究は教師が教室で授業を行う際に役立つモデルであり、教員養成大学の授業として授業研究を取り入れることを構想しているとのことであった。また、これら取り組みは附属学校教員とも協働で実施するとのことであった。

　2020 年 12 月 16 日にウガンダ教育省関係者と協働で実施したオンライン研究会にナリクレ教員養成大学関係者も参加し、2021 年 1 月のオンライン研究会の内容について検討した。ナリクレ教員養成大学関係者からは次のような意見があった。「生徒が他の生徒に対して授業を行う、日本の授業はとても刺激的であった。そのような授業をどのようにマラウイにおいて実践することができるのか考える必要がある」、「ウガンダの数学授業では、教師が学習を主導しており、能動的な生徒と受動的な生徒の 2 つの

グループに分かれていた。マラウイでも同じ状況が見受けられるので、どのように生徒の参加を改善するか考える必要がある」、「活発に話している生徒に着目しがちだが、なぜ何人かの生徒が黙っているのかについて考える必要がある」。

　これらの議論を踏まえ、2021 年 1 月 18 日にオンライン研究会を協働で実施した。当日は、ナリクレ教員養成大学からマラウイでの授業研究の紹介の後、ナリクレ教員養成大学附属学校教員による数学の授業ビデオを観察し、小グループに分かれて授業検討会を行った。その授業は、高校 2 年生の二元一次連立方程式の授業であった。そこでは生徒が 4~5 人のグループに分かれ、$2x + y = 7$ と $x - y = 2$ の解法について考えた。グラフで考えたグループの生徒からは、グラフの交点に関して、x が 3、y が 1 であるとの発表があった。その後、教員が $2x + y = 7$ と $x - y = 2$ のグラフをかいた模造紙を掲示し、多くのグループで生徒がグラフを用いて解答していることを共有した。また、交点の値を、$2x + y = 7$ と $x - y = 2$ に代入し、方程式が成り立つことの確認が行われた。最後に、教員によって連立方程式の説明が行われ、宿題が出された。その後の授業検討会では、連立方程式の定義から教えるのではなく、生徒が連立方程式を解くことで理解できるようしたこと、授業において少なくとも 60% の児童がグラフをかくことができていたこと、一方で 1 人の生徒しか発表する機会が無かったため、それぞれのグループの考えを共有する時間を持つように改善する必要があることが述べられた。

　2021 年 1 月 20 日に実施したオンライン研究会の振り返りでは、「ナリクレ教員養成大学と附属学校との協働により授業の質が向上している」、「授業研究を通して生徒が他の生徒を教える授業法が生まれたことに感銘を受けた」、「今後教育省、大学、附属学校、福井大学との連携を通じて、授業研究に取り組みたい」などの声が聞かれた。これら一連の取り組みは表 10-1 の通りである。

表10-1. ナリクレ教員養成大学との協働実践体制の構築過程

日時	概要
11月19日	1月にオンライン研究会を開催することを合意
11月26日	ナリクレ教員養成大学の授業研究について協議
12月16日	ウガンダの研究会への参加
12月22日	ウガンダの研究会の振り返りと課題の明確化
1月18日	オンライン研究会の実施
1月20日	オンライン研究会の振り返り

　およそ2週間に1度のZoomによる協議を通して、ナリクレ教員養成大学及び附属学校が現在取り組んでいること、またそこでの課題に関して共通理解を持つことができた。また、途中でウガンダでのオンライン研究会に参加することで、課題意識がより明確化したように感じた。オンラインを活用することで、これまでは年に数回しか交流することができなかったが、継続的な交流を行うことができる可能性を感じた。

第4節　ICTを用いたナリクレ教員養成大学との授業研究の協働実践

　今後に向けて、ナリクレ教員養成大学及び附属学校にて実施されている授業研究について現状を確認したところ、これまでに1回実施したことがあるものの、その過程については記録が残っていないとのことであった。そのため、まずはナリクレ教員養成大学及び附属学校にて実施されている授業研究について知ることが大切であると考え、Zoomを用いて授業研究を協働実践することにした。また、オンライン研究会では数学を取り扱ったため、より多くの教員が授業研究を知ることを重視し、次回は物理の授業研究を行うとのことであった。

　2021年5月7日にZoomにて会議を実施し、ナリクレ教員養成大学及び附属学校において実施されている授業研究の状況を確認した。第3節で述べたように、ナリクレ教員養成大学では授業研究チームが形成されてお

り、授業研究コーディネーターは過去に隣国ザンビアの第3国研修に参加している。そのため、ナリクレ教員養成大学及び附属学校においては、ザンビアで実施されている授業研究（例えば、Republic of Zambia, Ministry of General Education & Japan International Cooperation Agency, 2016）を参考に検討し、次の8つの過程にて授業研究が実施されていた。①課題の同定、②指導案の検討、③研究授業の実施、④研究協議会、⑤指導案の再検討、⑥研究授業の再実施、⑦研究協議会、⑧実践の記録化。

一方、福井大学の参加者は授業研究を、子どもたちの学びの見取りと教師たちのダイアローグ（対話）を中核にすえ、時間的連続性を意識して、子どもたちの長い探究のプロセスを教師たちが探究し続けること（木村・岸野, 2018）と捉えていた。そこでは、一時間の授業で起こる出来事を共有するだけでなく、単元や学期や年間を通した中長期にわたる子どもたちの探究プロセスをみすえ、子どもたちと教師たちの探究プロセスと学校の発展プロセスを相似形で捉えている（木村・岸野, 2018）。それぞれの授業研究の捉えが大きく異なる中で、お互いの考えを共有しながら協働実践を始めることになった。

2021年5月から2022年2月にかけて、8つの過程の授業研究を合計4フェーズ実施した。またその活動と平行して、2021年6月と2022年2月には、Zoomによるシンポジウムにナリクレ教員養成大学の授業研究コーディネーターが登壇して、授業研究の取り組みを省察し今後の展望を検討した。2021年5月と7月には、ナリクレ教員養成大学及び附属学校の教員が、福井大学教職大学院の授業にZoomで参加し、授業研究を含む実践を共有した。また、2021年11月から2022年2月にはナリクレ教員養成大学の授業研究コーディネーターが、JICA課題別研修にZoomにて参加した。そこでは11月に2週間の研修に参加し、その後研修内容を踏まえ実践を行い、2月にそれぞれの実践を持ち寄り再度1週間の研修に参加した。これら取り組みの年間スケジュールを表10-2に示す。

表10-2. ナリクレ教員養成大学及び附属学校との協働実践のスケジュール

	5月	6月	7月	8月	9月	10月	11月	12月	1月	2月
授業研究	↔		↔				↔		↔	
シンポジウム			▲						▲	
大学院の授業参加	▲		▲							
JICA課題別研修					↔					

　ザンビアの授業研究を参考に8つの過程にて実施されたので、段階ごとに説明する。2021年5月から6月に実施した第1フェーズの授業研究では、5月28日及び6月4日に、②指導案の検討にZoomにて参加した。そこでは、大気圧の単元において適切な教授法が無く、生徒が困難性を抱くことが課題であるとし、生徒が既有知識と結びつけて学習できるように、ビーカーを用いた実験から、ストローを使った実験へと変更がなされた。その後の授業の流れとして、実験を通して観察したことと、気づいたことをワークシートに記載し、その内容を発表し合うことが提案された。まとめとして、当初は演習課題を出すことが提案されたが、生徒は実験を通して様々なことを観察し、大気圧について気づくため、生徒が発表した内容をまとめた方が良いとの意見が出された。

　6月15日に③授業観察をZoomにて試みた。教室の全体を撮影した場面が多く、授業内容が分かりづらい場面もあったが、授業の流れを追うことができた。導入では前時に学習した圧力の定義に関する確認が行われ、圧力と力と面積の関係について確認が行われた。その後、ストローを用いてコップの水を飲む実験が行われた。考察としてなぜストローで水を飲むことができるのか、机の上の濡れたコインを持ち上げるのが難しいのかについて、生徒の考えの発表が行われた。最後にまとめとして、図を用いた説明が行われた。

　その後④研究協議会では、導入、展開、まとめについて感想が共有された。授業の良かった点として、適切な既有知識を用いた導入であったこと、生徒が実験に積極的に参加していた、ワークシートが生徒の活動を促して

いたことが挙げられた。一方、課題としては、ビーカーとボール紙の実験の方がより簡単で生徒の理解を促すことができたのではないか、授業の目的があまり明確ではないのではといった意見が出された。研究協議会の内容を踏まえ、⑤指導案の再検討、⑥研究授業の再実施、⑦研究協議会、⑧実践の記録化が行われた。

　2021年7月から8月には生物の授業研究を、11月には化学の授業研究を、2022年2月には生物の授業研究を協働で実施した。2022年2月の授業研究を実施する中で、開始時からの変化として次の2点が見受けられた。1点目が、Zoomで授業を撮影する際の視点の変化である。当初の授業研究では、教室の中ほどから教員と生徒の後ろ姿を映したり、教室前方から複数のグループの活動の様子を撮影したりすることが多かった。一方、2022年2月では、特定のグループに焦点を当てて、そこでの話し合いの内容を映したり、生徒が考えを記載したノートを撮影したりと、子どもたちの学びの様子が分かる撮影となっていた。2点目が、研究協議会での議論の進め方である。研究協議会ではナリクレ教員養成大学の授業研究コーディネーターがファシリテーターを務めている。当初の研究協議会では導入、展開、まとめにおいてそれぞれの参加者が感想を共有し議論が進んでいった。一方、2022年2月では、授業を通して子どもが何を学んだのかという発問から、子どもの姿に基づく協議へと変化していた。

　これらの変化について、ナリクレ教員養成大学の授業研究コーディネーターに尋ねたところ、「授業研究の目的が子どもの学びの改善にあると考えるようになった。教員を観察していても子どもの学びは分からないため、子どもに着目するようになった」とのことであった。授業研究の協働実践を通して、子どもの学びに着目することが共有され、授業を撮影する視点や議論の内容が変化したといえる。本章では、算数数学教育のグローカル化を、算数数学教育におけるカリキュラムや学習指導、教師教育の普遍性及び固有性が相互影響を与えながら同時進行する過程とし、その総体をグローカルな算数数学教育としていた。授業研究の協働実践を通して、当初は異なっていた授業研究に関する捉えが、相互に影響を与えながら変容してきたことが分かる。今後も授業研究に関する捉えは変化していく

が、本事例を通してその一端を示すことができた。

第5節　大学における国際協力・国際交流でのICTの利用と可能性

　新型コロナウイルス感染症拡大の影響を受け、渡航が制限されたことにより、ICTを用いた国際協力への環境整備が加速したように思う。第3節で述べたように、ICTの普及により、これまでの年に数回程度の渡航による断片的な交流から、継続的に協働することが可能となった。Zoomを用いた継続的な協働によって、各参加者が共通認識を持つとともに、他国における先行事例を知ることで課題が明確化し、協働実践体制の構築が進んだ。さらに、第4節で述べたように、授業研究における協働実践の事例からは、当初は異なっていた授業研究に関する捉えが、相互に影響を与えながら変化してきたこと、子どもの学びに着目することが共有されるようになったことが見受けられた。本章で見てきたように、ICTを用いて実践の過程を共有することで、同時進行性と相互作用性を担保することが可能となる。グローカル化は動的なものであるため、今後も協働実践を継続し、その過程を追う必要がある。

付記

　本実践の一部は文部科学省「日本型教育の海外展開（EDU-Portニッポン）」2020年度公認プロジェクトとして支援を受けたものである。

学習課題

1. 本実践において重要だと思った箇所とその理由についてまとめよ。
2. 本実践がどのようにグローカルな算数数学教育に寄与するか考察せよ。

引用・参考文献

上杉富之（2014）「グローバル研究を超えて―グローカル研究の構想と今日的意義について―」『グローカル研究』1：1-20.

木原一郎・竹井光子（2021）「「グローカル・プロジェクト」の検証―理念・実践・課題―」『修道法学』44（1）：211-231.

木村優・岸野麻衣編（2018）『授業研究 実践を変え、理論を革新する』新曜社.

Republic of Zambia, Ministry of General Education & Japan International Cooperation Agency (2016) *Lesson Study in Zambia*, LUSAKA: Ministry of General Education & JICA.

Schön, D. A. (1983) *The Reflective Practitioner: How Professionals Think in Action*, New York: Basic Books.

Wenger, E., McDermott, R. and Snyder, W. M. (2002) *Cultivating Communities of Practice*, Boston, MA: Harvard Business School Press.

さらに知識を深めたい読者のための参考文献

エティエンヌ・ウェンガー、リチャード・マクダーモット、ウィリアム・M・スナイダー（2002）野村恭彦監修『コミュニティ・オブ・プラクティス』翔泳社.

ドナルド・A・ショーン（2007）柳澤昌一・三輪健二監訳『省察的実践とは何か―プロフェッショナルの行為と思考―』鳳書房.

第 **4** 部

教育政策と多様性

第4部では「教育政策と多様性」をテーマにグローバルな算数数学教育の可能性を検討する。わが国では、1947（昭和22）年に教育課程の基準として、初めて学習指導要領が試案の形で刊行されて以来、ほぼ10年ごとに改訂が行われている。その時代々々に応じて目指される力が明示され、このたびの2017（平成29）年告示の学習指導要領ではこれまでの「内容」ベースのカリキュラムから「資質・能力」ベースのカリキュラムへと舵が切られたところである。他方、2000年代に入り、PISA（OECD生徒の学習到達度調査）をはじめ多くの国際学力調査が実施されるようになった。これらの調査は測定する学力という意味においても、そして実施される国や地域という意味においても多様性を帯びている。本部では、我が国の学習指導要領を中心とした教育政策ならびにOECD（経済協力開発機構）が進める国際的なプロジェクト、そして国内外の学力調査を概観しつつ、数学教育に関する教育政策の多様性について、カリキュラムの三層構造の観点から議論を進めてみたい。

　第11章では、意図されたカリキュラムの視点からの考察を行う。具体的にはグローバルをOECD（経済協力開発機構）が進めるプロジェクトから捉え、国際的な数学教育の文脈で希求される数学的リテラシーをグローバルコンピテンシーと捉える。一方、日本における学習指導要領や全国学力学習状況調査で求める資質・能力をローカルコンピテンシーと捉える。その両者の共通性をグローカルコンピテンシーとしてまずは捉え、グローカルな視点から今後の日本の数学教育の方向性を検討していきたい。

　第12章では、達成されたカリキュラムの視点からの考察となる。近年では政策的にも大規模な国際調査や国内調査が積極的に行われ、教育の成果としての学力の実態が検証されている。世界あるいは日本の子ども達の学力の実態を学力調査からみるグローカル性として捉えることを試みたい。本章におけるグローバルとは各種国際学力調査であり、ローカルはその国々で実施される国内学力調査である。グローバルな学力調査に参加する国・地域は増加傾向にあり、成人や教員に対する調査もグローバルに実施される時代となった。他方で、全国学力学習状況調査のような国内のローカルな学力調査を行う国は日本のみならず海外の国においても少なく

ない。これは、グローカルな視点から自国の教育の実態を探る取り組みの現れとも捉えることもできる。本章では、グローカルに自国の教育の実態を探るためには、ローカルに特化した自国の学力調査を十分に活用することが肝要であることを指摘する。

第 11 章

これからの数学教育で目指される力とは
─グローバルとローカルの両側面からの検討─

服部裕一郎

概要

　21世紀の数学教育では、社会に活きる数学的リテラシーの重要性が指摘され、その概念規定においても社会性や市民性といった社会に関する健全な価値観が強調されている（水町, 2015）。本章ではOECDが求める数学的リテラシーをグローバルコンピテンシーと捉え、日本における学習指導要領や学力調査で求める資質・能力をローカルコンピテンシーと捉える。そして、その両者の共通性をグローカルコンピテンシーとして捉えることから始め、今後の日本の数学教育の方向性を考えていきたい。

　我が国の2017（平成29）年告示の学習指導要領では「社会に開かれた教育課程」の実現が目指され、数学科の学習指導において中核をなす数学的活動もまた実生活とのかかわりが重視されている。そして、数学的活動を通して育む資質・能力はまた、先述の数学的リテラシーの理念とも調和的である。では、今日的に強調される資質・能力や数学的リテラシーの理念が、これまでの学習指導要領の中で重視されてこなかった、あるいは取り上げられてこなかったのかと言えばそうではない。我が国の学習指導要領では1956（昭和31）年度の高等学校学習指導要領において既に数学を問題解決の方法として捉えることの有用性が指摘されている。日本の数学教育で求められた資質・能力を歴史的に振り返ることは、我が国の数学教育がこれまで大切に培ってきた価値観を、歴史的・文化的文脈の中から掬い出し再確認するという意味を持つ。そのような振り返りは日本のローカルコンピテンシーを本質的に捉える意味でも意義深いだろう。本章ではまず、「中心概念」と呼ばれるこの理念の具体を概観する。今日的なOECDの理念との共通性を特定し、求められる能力の具体をPISA調

査問題や全国学力学習状況調査問題から検討する。最後に、近年の OECD Education2030 プロジェクトを概観することで、今後の日本の数学教育が目指すべき方向性の一つを提案する。

問い

1．1956（昭和31）年度改訂版高等学校学習指導要領で規定された「中心概念」と数学的リテラシーの理念との間の共通性は何か。
2．OECD Education2030 プロジェクトが目指す数学的リテラシーの具体とは一体どのようなものか。

第1節　中心概念

　このたびの新学習指導要領（例えば、文部科学省，2019a）は数学的な見方・考え方を重視している。この数学的な考え方が高等学校の学習指導要領で初めて登場したのは 1956（昭和31）年度改訂版で、それ以降一貫して重視されてきた。中心概念もまたこのときの学習指導要領で初めて明示された概念であった。中心概念は数学Ⅰ・Ⅱ・Ⅲの教育内容にて示され、例えば、数学Ⅰでは「代数的内容および幾何的内容を通して一般化すべき数学的な考え方を、中心概念として例示する」（文部省，1955, p.11）とされている。中心概念は、「すべての高校生が一般教養を身に付けるという教育目的のもとでの教育目標としての数学的な考え方に対応する、教育内容としての数学的方法」（長崎，2013, p.255）であった。しかしながら、当時の日本では中心概念を評価することが困難であるとの批判が起こったこと、また、中心概念自体が直接指導する内容項目ではないことが教師の理解を困難にしたこと、中心概念や態度概念は数学ではないとの批判があったこと、このような指摘が関係者の間でなされたようである（湊，2007）。実際、中心概念はその後の学習指導要領の改訂で明示されなくなってしまった。

　一方、21世紀に入り、OECD が「キー・コンピテンシー」を提唱し、その一角を担う数学的リテラシー概念が PISA の枠組みに用いられた。PISA は学校カリキュラムに通常規定されている知識や技能を超えた活用の能力を

重視し（湊, 2007）、言わば、市民的教養としての数学的な資質・能力が世界的に注目を集めることとなった。数学的リテラシーを身に付けるという意味は、基礎的な知識や技能を単に獲得することではなく、身の回りの状況や文脈の中で事象を数学の眼でとらえ問題を解決することができるようになること、そしてその過程で用いられる数学的方法とその意義を知ることまで含めて考えることである（清水, 2018）。数学的方法を強調した数学的リテラシーのこの理念は、まさに中心概念と調和的である。中心概念は半世紀以上の時を経て、今後の数学教育の方向性を示すものとして、あらためて注目を集めているのである（清水, 2018；日本学術会議数理科学委員会数学教育分科会, 2016）。

　それでは、1956（昭和31）年度改訂版学習指導要領当時の数学Ⅰで位置づけられた中心概念を具体的に概観してみよう（表11-1）。

表11-1. 数学Ⅰの中心概念（文部省, 1955, p.13）

中心概念
a　概念を記号で表すこと 　　記号・文字による一般的表現 　　文字式 　　式の形 b　概念・法則などを拡張すること 　　拡張の原理 c　演繹的な推論によって知識を体系だてること 　　公理・定義 　　定理・命題 　　証明 d　対応関係・依存関係をとらえること 　　函数的関係 　　統計的関係 　　図形的な対応関係・依存関係 　　命題の論理的依存関係 e　式や図形について不変性を見いだすこと f　解析的方法と図形的方法の関連 　　函数のグラフ

中心概念は目標に述べられている数学的な考え方の内容を具体的に例示するため設けられ、教師はこの例示を参考として指導にあたることが必要とされた（文部省，1955）。数学IIの中心概念は、数学Iの中心概念のうち、数学IIの内容に即したものは引き続きそのまま取り上げるとともに、そのいくつかについては新たに発展した内容のものが付け加わっている。例えば、「函数の大域的な性質や局所的な性質をとらえること」（※以後、d' とする）などが付け加えられた。数学IIIでは「統計的な事象を量的にとらえること」（※以後、g とする）、「極限によって量をとらえること」（※以後、h とする）などが付け加えられた。今日の数学科の学習指導要領において、数学的方法知は強調されるところである。1950 年代の学習指導要領において既に学習内容としての数学的方法が強調されていたことは大変に興味深い。一方で、中心概念が高等学校の学習指導要領においてのみ強調されていたことや、その文脈において数学性が強いことを鑑みると、今日的な数学的リテラシーとの異なる点もここに見られる。

第2節　数学的リテラシー・PISA2022 Key Understandings

　OECD による数学的リテラシーは次のように規定される。「様々な文脈の中で数学的に定式化し、数学を活用し、解釈する個人の能力。それには、数学的に推論することや、数学的な概念・手順・事実・ツールを使って事象を記述し、説明し、予測することを含む。この能力は、個人が現実世界において数学が果たす役割を認識したり、建設的で積極的、思慮深い市民に求められる、十分な根拠に基づく判断や意思決定をしたりする助けとなるもの。」（文部科学省，2019b）ここで注意したいことは、数学的リテラシーを発揮する主体である。それは、「建設的で積極的、思慮深い市民」とあり、自身が生きる社会生活のなかで、数学を用いて、十分な根拠をもって判断したり意思決定したり、相手に提案をしたりするために数学を活用することを求めている。またそれは高校生のみならず、子どもから大人までのすべての市民に求められる能力であろう。このたびの PISA2022 数学フレームワーク（図 11-1）では数学的リテラシーの基本概念に基づき、数学的推

論と問題解決（数学的モデリング）サイクルの3つのプロセス（「定式化」、「活用」、「解釈と評価」）を関連付けることで、評価の理論的基盤が定義された。

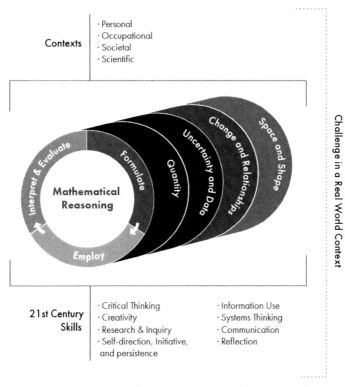

図11-1. PISA2022数学フレームワーク（OECD, 2018b）

このフレームワークは「変化と関係」「空間と形」「量」「不確実性とデータ」の4つの内容で構成されている。数学的推論については、数学的リテラシーの中核をなしており（OECD, 2018a）、21世紀を生きる市民として、論理的に推論し、誠実で説得力のある議論を展開する能力として強調され、特に以下の6つの重要な理解（Key Understandings）が必要とされている（表11-2）。

表 11-2. PISA2022 6 つの重要な理解 (OECD, 2018a)
※筆者訳。また、アルファベットは筆者による。

6 つの重要な理解
A　量、数体系とそれらの代数的性質を理解すること
B　抽象化と記号表現のよさを理解すること.
C　数学的構造とそれらの規則性を理解すること
D　量の間の関数的関係を認識すること
E　数学的モデリングを実世界へのレンズとして使用すること 　　（例えば、物理学、生物学、社会科学、経済学及び行動科学に由来す 　　るもの）
F　統計学の本質として、データのばらつきを理解すること

　中心概念との共通性を考察すると、中心概念 a「概念を記号で表すこと」
は 6 つの重要な理解の A、B に対応し、中心概念 b「概念・法則などを拡張
すること」、中心概念 c「演繹的な推論によって知識を体系だてること」、中
心概念 e「式や図形について不変性を見いだすこと」は 6 つの重要な理解
C に対応しているとみえる。また、中心概念 d「対応関係・依存関係をとら
えること」は 6 つの重要な理解 D に、また中心概念 g の「統計的な事象を
量的にとらえること」は 6 つの重要な理解 F に本質的に対応をしているこ
とがみてとれよう。21 世紀市民が持つべき数学的リテラシーの方法的側
面として、中心概念の理念は明確に顕在化され得る。中心概念が提唱され
た時代に比べ、今日の社会はより不確実で複雑化している。現在あるいは
未来の社会的課題を解決するにあたっては、中心概念をローカルコンピテ
ンシーの基盤と捉え、意思決定のための方法として適用することも有効で
あろう。次節では、ローカルコンピテンシーをグローカルコンピテンシー
に発展させる可能性について、グローバルコンピテンシーとの関係にも注
視しながら更に検討を行いたい。

第3節　PISA調査問題・全国学力学習状況調査問題

　本節では、今後の数学教育において求められる力をPISA調査問題や全国学力学習状況調査の問題から検討する。以下は、PISA2003の調査問題「ベストカーの問題」である（図11-2）。本問題では自動車雑誌によって企画された「カーオブザイヤー」の採点評価システムに関する内容が出題されている。問1が単純な計算問題であることに対して、問2では既定のルールに不公平感を抱いた自動車「Ca」のメーカーが自社を優勝させる新ルールを提案するという文脈であり、問題解決にあたっては独自性のある数学的モデルの構成が求められる。まさにオープンエンドな問題であり、正解はただ一つではなく、何通りもあり得る。しかし「安全性（S）」と「内装（T）」の評点が高いので、数学的な特質を用いて総得点を高めることが必要である。そういう意味で、オープンでありながら数学的特質を理解した戦略が求められている。本問題の問2では、自動車「Ca」が優勝する計算式を作成することができれば正答となる。日本の正答率は問1が79.8％（OECD平均72.9％）であるのに対し、問2は44.9％（OECD平均25.4％）であった。問2の正答率の低さの原因は一つではないであろうが、社会的な事象に対し自らの意志をもって数学を用いることの困難性、そのような積極性や創造性が課題として特定できよう。

　一方、類似な出題として、我が国の全国学力学習状況調査では、2012（平成24）年度の中学校数学B問題において、スキージャンプの原田選手と船木選手のどちらを代表選手として選択するか（次の1回でより遠くへ飛びそうな選手を選ぶ）という問題が出題されている。本問題では、原田選手と船木選手のどちらを選んでもかまわず、PISA調査問題同様に回答者に意思決定の自由性が保障されていることが特徴的である。

ベストカー

　ある自動車雑誌では、ある採点評価システムを使って新型車を評価し、その総得点で一番点数が高かった車に「カーオブザイヤー」の賞を与えています。5種類の新型車を評価し、その点数を表にまとめました。

自動車	安全性 (S)	燃料効率 (F)	外観 (E)	内装 (T)
Ca	3	1	2	3
M2	2	2	2	2
Sp	3	1	3	2
N1	1	3	3	3
KK	3	2	3	2

　評点の目安は以下のようになっています。

　　3 点 = たいへんよい
　　2 点 = よい
　　1 点 = まあまあ

ベストカーに関する問1

各車の総得点を計算する際、この自動車雑誌では以下のようなルールを使って、特定の評価項目に重みをつけています。

$$合計 = (3 \times S) + F + E + T$$

自動車「Ca」の総得点を計算し、あなたの答えを下の空欄に記入してください。

「Ca」の総得点 : ....

ベストカーに関する問2

自動車「Ca」のメーカーは、この総得点を出すルールは不公平だと考えました。

自動車「Ca」が優勝するような総得点の計算のルールを書いてください。

この新しいルールでは、四つある評価項目の全てが対象になります。下の等式の四つの空欄に正の数を記入し、新しいルールを作ってください。

総合得点 = ...× S + ...× F + ...× E + ...× T.

図11-2. PISA2003　ベストカーの問題（経済協力開発機構（OECD），2010）

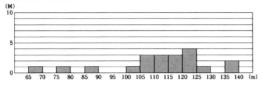

原田選手の記録

船木選手の記録

図11-3. 平成24年度 全国学力・学習状況調査 中学校数学B問題 大問3（1）
（国立教育政策研究所, 2012）

　2021年はメジャーリーグの大谷選手が日本で初めて満票でMVPに選出された。大谷選手の活躍については本稿で論じるまでもないが、例えばスポーツの世界においてMVPを決める指標はさまざまであると言えよう。メジャーリーグの例に戻れば、MVPの選出に打撃（あるいはピッチング）のどの点（打率？ HR ？打点？走塁？）を重視するのか、それは個人や集団の価値観に依存している。判断指標は価値観の数に応じて存在し、その妥当性は常に議論され続けるものであろう。算数・数学授業において価値観は長く"ノイズ"として回避された時代もあったが近年では、子ども達が表出する社会的価値観を敢えて教室で顕在化させる「社会的オープンエンドな問題」に関する研究も推進されている（飯田, 1995；馬場, 2009；島田, 2017；田中・服部, 2020）。子ども達の社会的価値観に応じて数学的モデルが構成され、提出された解決案を子ども達が共有し、議論し合う教室の創造が今後の数学教育の方向性の1つとしても示唆される。

第4節　OECD Education2030 プロジェクトが目指す力
－今後の数学教育の方向性－

　OECD Education2030 プロジェクトでは、2030 年におけるウェルビーイングの達成を目指し、そのために必要なコンピテンシーに関する学習枠組みとして図 11-4 に示す「ラーニング・コンパス」を提案した。その中核的概念が「エージェンシー」であり、「変化を起こすために、自分で目標を設定し、振り返り、責任を持って行動する能力」（OECD, 2019；白井, 2020）と定義されている。

OECD Learning Compass 2030

図11-4. Education2030 ラーニング・コンパス（OECD, 2019）

　「ラーニング・コンパス」とは直訳すれば「学びの羅針盤」である。まさに自らの意志を持って未知なる環境に対し、責任をもって学びの歩を進めていくことを求めている。ラーニング・コンパスでは「変革をもたらすコ

ンピテンシー」として、①新たな価値を創造する力、②対立やジレンマに
対処する力、③責任ある行動をとる力、の３つを位置づけている。これら
は DeSeCo プロジェクトで規定された３つのコンピテンシー（「道具を相
互作用的に用いる力」、「異質な人々から構成される集団で相互にかかわり
合う力」、「自律的に行動する力」）をアップデートしたものとされている。
従来、数学的リテラシーは「道具を相互作用的に用いる力」に位置づけら
れていた。ラーニング・コンパスが目指す理念に基づくと、今日的に求め
られる数学的リテラシーとは、一体どのようなものとなってくるであろう
か。今後、2030 年代には AI が今まで以上に普及するだろう。そのような
時代にあって、OECD Education2030 プロジェクトでは、人間固有のコン
ピテンシーの育成に注力していくことを求めている（白井, 2020）。人間
固有とは、他者を思いやったり、他者の考えに共感したりする人間性を強
調すること、そして、与えられた目標の中でのみ動くのではなく、自らが
目標を設定して、状況に応じて柔軟に情報を取捨選択し、意思決定を行う
ことなどが挙げられるだろう。そのとき、数学的思考はさまざまな問題解
決の手段となり得る。また、数学はある意思決定のための明確な根拠とも
なり得る。第２節でも述べたように、日本において 80 年近く前に生み出
された中心概念をローカルコンピテンシーの基盤として捉え、グローバル
コンピテンシーとしての数学的リテラシーを受け入れながら、社会的課題
に対して柔軟に対応をしていくこと、その能力自体も固定的に考えず、時
代に応じて常に発展させていくこと、それが真のグローカルコンピテン
シーと言えるのではないだろうか。具体的には、倫理的な価値観に基づい
た数学的意思決定を行うことができること、問題解決にあたって既存の選
択肢のみで判断するだけでなく、より良い問題解決のための選択肢を数学
的に創造することができること、また、状況に応じて数学的思考のそれ自
体も批判的に捉える能力、そのような新たな数学的リテラシー像（Hattori,
Fukuda& Baba, 2021）が今日的に求められてくると筆者は考えている。

学習課題

1. 世界の数学教育が目指す方向性について、OECD Education2030 プロジェクトが強調している点を参考に話し合ってみよう。
2. 上記課題の世界的な潮流を鑑みながら、日本の数学教育の固有性とその未来について話し合ってみよう。

引用・参考文献

飯田慎司（1995）「オープンエンドの問題解決と Humanistic Mathematics について」『第 28 回日本数学教育学会数学教育論文発表会論文集』日本数学教育学会：243-248.

経済協力開発機構（OECD）（2010）国立教育政策研究所監訳『PISA の問題できるかな？ OECD 生徒の学習到達度調査』明石書店.

国立教育政策研究所（2012）平成 24 年度　全国学力・学習状況調査【中学校】報告書　https://www.nier.go.jp/12chousakekkahoukoku/04chuu-gaiyou/24_chuu_houkokusyo-4_suugakub_2.pdf（2022.3.25 最終確認）

島田功（2017）『算数・数学教育と多様な価値観―社会的オープンエンドな問題による取り組み―』東洋館出版社.

清水美憲（2018）「数学的リテラシー論の源流と現在」小寺隆幸（編著）『主体的・対話的に深く学ぶ算数・数学教育―コンテンツとコンピテンシーを見すえて―』（pp.36-54）ミネルヴァ書房.

白井俊（2020）『OECD　Education2030 プロジェクトが描く教育の未来』ミネルヴァ書房.

田中勇誠・服部裕一郎（2020）「中学校数学授業における社会的オープンエンドな問題の開発とその実践―生徒の批判的思考力の涵養を目指して―」『日本数学教育学会誌 数学教育』102(11)：2-11.

長崎栄三（2013）「高等学校数学科における「中心概念」の誕生とその後：高等学校学習指導要領数学科編昭和 31 年度改訂版を中心に」『日本数学教育学会誌．臨時増刊．数学教育学論究』95：249-256.

日本学術会議数理科学委員会数学教育分科会（2016）提言　初等中等教育における算数・数学教育の改善についての提言.

馬場卓也（2009）「算数・数学教育における社会的オープンエンドな問題の価値論からの考察」『全国数学教育学会誌数学教育学研究』15(2)：51-57.

水町龍一（2015）「高水準の数学的リテラシーと重要概念を形成する教育」『日本数学教育学会誌数学教育学論究 臨時増刊 第 48 回秋期研究大会特集号』97：193-200.

湊三郎（2007）「PISA の出現が我々に告げる大切なこと」『日本数学教育学会誌』89(3)：2-7.

文部省（1955）『高等学校学習指導要領数学科編　昭和 31 年度改訂版』好学社.

文部科学省（2019a）『高等学校学習指導要領（平成 30 年告示）解説 数学編 理数編』学校図書.

文部科学省（2019b）『OECD 生徒の学習到達度調査（PISA）Programme for International Student Assessment 〜 2018 年調査国際結果の要約〜』国立教育政策

研究所.

Hattori, Y., Fukuda, H. & Baba, T.(2021)Development of Socio-critically Open-ended Problems for Critical Mathematical Literacy: A Japanese Case, *Journal of Educational Research in Mathematics,31* (3) : 357-378.

OECD (2018a)PISA 2022 mathematics framework (DRAFT) https://pisa2022-maths. oecd.org/files/PISA%202022%20Mathematics%20Framework%20Draft.pdf（2022.5.6 最終確認）

OECD (2018b)PISA 2022 MATHEMATICS FRAMEWORK. https://pisa2022-maths. oecd.org/（2022.5.6 最終確認）

OECD (2019) OECD Future of Education and Skills 2030 OECD Learning Compass 2030 A Series of Concept Notes. https://www.oecd.org/education/2030-project/ contact/OECD_Learning_Compass_2030_Concept_Note_Series.pdf（2022.5.6 最終確認）

さらに知識を深めたい読者のための参考文献

カイテル , C.（1998）「21 世紀の数学教育の展望 – 数学カリキュラム：だれに対してか、だれの利益か」（狭間節子・日野圭子訳）『日本数学教育学会誌　臨時増刊　数学教育学論究』70 : 57-64.

小寺隆幸・清水美憲（2007）『世界をひらく数学的リテラシー（未来への学力と日本の教育）』明石書店 .

第 12 章
学力調査のグローカル性

渡邊 耕二

概要

　日本は、PISA と TIMSS に参加し、グローバルな視点から自国の教育の実態を探ろうとしている。また、全国学力学習状況調査も実施しており、グローバルな視点から捉えきれない実態をローカルな視点から捉えようともしている。このように、グローカルに教育の実態を明らかにする取り組みが続いている。これらにおいて、算数・数学は調査対象として設定されることが多く、算数・数学は学力調査において、重要な教科の一つになっている。実際、UNESCO（2015）によれば、国内の学力調査は多くの国で実施され、そのうちの 98% で数学が調査対象となっていると報告されている。この意味で、数学教育研究において、学力調査のデータは有益な資源になり得る。とはいえ、学力調査は国際比較を意図する PISA や TIMSS のような全世界規模のものやアフリカや中南米に地域を限定した国際的なものもあるし、全国学力学習状況調査のような国内のものもある。ここでは、これら国内・国際調査の特徴についてみていきたい。

問い

1. 現在、どのような国際的な学力調査が実施されているのだろうか。
2. 日本国内で実施されている学力調査にどのような課題があるだろうか。

第 1 節　国際比較を意図する学力調査

　グローバル化に伴い変化する学力観や教育施策の説明責任という考

え方の普及などを背景に、今日では、先進国・途上国を問わず、自国の教育の実態を探ろうと国内外で大規模な学力調査が盛んに行われている。例えば、全世界的な学力調査として OECD の PISA（Programme for International Student Assessment）や IEA の TIMSS（Trends in International Mathematics and Science Study）は学習指導要領にも記され、メディアなどでも頻繁に取り上げられる。また、中南米地域やアフリカ地域など、地域を限定した国際的な学力調査も存在する。ここでは、グローバルな学力調査として、国際比較を通じて自国の教育を探る学力調査に目を向ける。

1.1 全世界的な学力調査

　PISA や TIMSS は、各国の学校教育の実態を国際的な指標を用いて明らかにする大規模な国際的な学力調査である。なお、PISA は義務教育を終えた高校 1 年生、TIMSS は小学校 4 年生と中学校 2 年生の児童生徒を対象とした調査となっている。これまで、PISA は 2000 年から 3 年ごとに 7 回、TIMSS も 1995 年から 4 年ごとに 7 回実施されている。図 12-1 から分かるように、PISA と TIMSS の小学校 4 年生（以下、G4）を対象にした調査に参加する国・地域は増加傾向にある。例えば、2018 年に実施された PISA（以下、PISA2018）には、OECD の加盟国に留まらず、途上国を含めて、78 ヵ国が参加している。なお、今後実施される PISA2022 には 86 ヵ国が参加予定であり、PISA への注目は途上国を含めて世界的な広がりを見せている。

　日本の PISA の数学的リテラシーと TIMSS の G4 と中学校 2 年生（以下、G8）の算数・数学の平均値をみると、図 12-2 のような推移となっている。PISA においては、第 1 回の PISA2000 が 557 点と最も高く、その後は530 点付近を推移している。他方で、TIMSS は第 5 回 TIMSS2011 から第7 回の TIMSS2019 の間で向上傾向にあり、最近の TIMSS2019 では G4 とG8 ともに最も高い 593 点と 594 点となっている。

　PISA は、「義務教育修了段階において、これまでに身に付けてきた知識や技能を実生活の様々な場面で直面する課題にどの程度活用できるかを

測る」調査である。TIMSS は、「初等中等教育段階の児童・生徒が学校で学習した内容をどの程度身に付けたかを測る」調査である。このように、PISA と TIMSS の評価の視点は異なる。また参加国も異なるため、PISA と TIMSS の平均値を直接比較することは難しい。しかし、参加国全体の平均値が約 500 点に調整されていることを踏まえると、日本の算数・数学学力は国際的にみて高いといえるだろう。

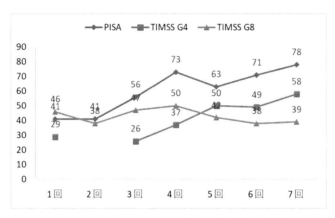

図12-1. PISA と TIMSS の参加国・地域数の推移
（国立教育政策研究所（2019, 2021）を基に筆者作成）

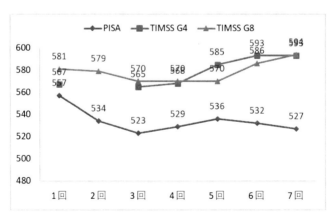

図12-2. 日本の PISA と TIMSS の平均値の推移
（国立教育政策研究所（2019, 2021）を基に筆者作成）

一方で、図 12-3 のように、数学的リテラシーの平均値が低い国をみると、PISA2018 ではドミニカ共和国、フィリピン、パナマがそれぞれ 325 点、353 点、353 点となっている。TIMSS2019 の G4 ではフィリピン、パキスタン、南アフリカがそれぞれ 297 点、328 点、374 点、G8 ではモロッコ、南アフリカ、サウジアラビアがそれぞれ 388 点、389 点、394 点となっている。このように、途上国の算数・数学の学力水準は国際的にみて低いことが分かる。

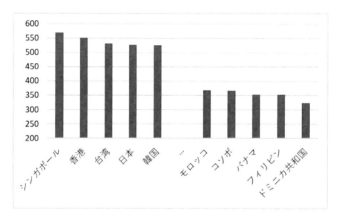

図12-3. PISA2018数学的リテラシーの平均値
（国立教育政策研究所（2019）を基に筆者作成）

　なお、PISA や TIMSS のように児童生徒を対象とした学力調査だけでなく、成人や教員に関する調査も存在する。例えば、社会生活において成人（16 〜 65 歳を対象）に求められる読解力、数的思考力、IT を活用した問題解決能力を測定する国際成人力調査（Programme for the International Assessment of Adult Competencies：PIAAC）が OECD によって実施されている。2011 年から 2017 年にかけて 39 ヵ国が PIAAC 第 1 サイクルに参加し、2023 年から始まる第 2 サイクルに 33 ヵ国が参加予定である。例えば、日本の PIAAC 第 1 サイクルは 2011 年 8 月から 2012 年 2 月に行われている。日本の数的思考の結果は、平均値が 288 点と参加国の中で最も高い値を示し、読解力についても 299 点と最も高い値であった。
　また、教員および校長を対象にした調査として、OECD は国際教員指導

環境調査（Teaching and Learning International Survey：TALIS）を2008年から5年おきに実施している。これまで3回のTALISが実施され、それぞれ24ヵ国、34ヵ国、48ヵ国が参加し、日本は第2回と第3回のTALIS2013とTALIS2018に参加している。例えば、TALIS2018の結果をみると、日本の小学校と中学校の教員の1週間当たりの仕事時間の平均値はそれぞれ54.4時間と56.0時間であり、参加国の中で最も長いことが示された。その背景として、事務的な業務（例えば、書類への記入など）が多いと感じる教員の割合が他国と比べて高いことも示されている。

　これまで、日本が参加している全世界的規模の学力調査であるPISAとTIMSS、や成人と教員を対象としたPIAACとTALISをみてきた。しかしこれらの他にも、日本は参加していないが、全世界的な規模の学力調査として、IEAの読解力調査（Progress in International Reading Literacy Study：PIRLS）がある。PIRLSは、2001年から5年ごとに行われ、これまでに5回実施されている。参加国はそれぞれ34ヵ国、40ヵ国、45ヵ国、49ヵ国、60ヵ国と増加しており、注目度が高まっていると想像できる。

　全世界的に実施されている学力調査によって、国際的な指標が示され、それを用いた国際比較によって、自国の特徴とその経年変化が浮かび上がりつつある。実際、PISAやTIMSSによって日本の高い学力水準が示されたと同時に、途上国の深刻な低い学力水準も明らかにされた。また、子どもだけでなく、成人や学校教員を対象とした国際比較を意図した調査であるPIAACやTALISも実施され、様々な視点から各国の教育の成果と現状および教育環境、それらの経変変化が示されつつある。今後益々全世界的な学力調査に参加する国は増えると考えられ、国際的な指標による自国の実態を明らかにする取り組みの重要性は高まるものと思われる。

1.2　地域を限定した学力調査

　PISAやTIMSSに参加する国は、増加傾向にある。しかし、まだ半数以上の国は全世界的な学力調査に参加していない。例えば、南米にあるエクアドルや東南部アフリカのザンビアは、PISAやTIMSSに参加していない。しかしOECDは、途上国がPISAを用いて自国の実態を把握すること

を促進するために、途上国向けの PISA を開発するプロジェクト（PISA for Development、通称 PISA–D）に取り組んでいる。PISA–D には、アジアからブータンとカンボジア、アフリカからザンビアとセネガル、中南米からエクアドル、グアテマラ、ホンジュラス、パナマ、パラグアイの 9 ヵ国が参加し、2014 年から 2017 年にかけて各国で調査が行われた。そして、読解力、数学、科学に関する調査結果が公開されている（OECD, 2020）。

　また、東南部アフリカ諸国連合（Southern and Eastern Consortium for Monitoring Educational Quality：SACMEQ）、仏語圏アフリカで行われている教育システム分析プログラム（Programme for the Analysis of Education Systems：PASEC）、ラテンアメリカ教育質研究（The Latin-American Laboratory for Assessment of the Quality of Education：LLECE）が行う地域ごとの国際的な学力調査がある（表 12-1 参照）。例えば、2013 年と 2019 年に行われた LLECE の数学（第 6 学年）の結果をみると、LLECE2013 の平均値が低い国は LLECE2019 でも低く、高い場合はその逆に高く、正の相関関係にある（図 12-4 参照）。なお、全体の平均値が 700、標準偏差が 100 として結果が公開されている。また、ドミニカ共和国とパナマは PISA2018 の結果が最下位層に位置していた（図 12-4 参照）。これを参考にすれば、PISA に参加していないが、ニカラグアやグアテマラも PISA において同程度と推測できるだろう。

　SACMEQ は、東南部アフリカ諸国が参加し、英語を教授言語としている国が多い。PASEC はアフリカ仏語圏であり、フランス語を教授言語とする国が多い。LLECE は中南米でスペイン語を公用語とする国が多い。このように、言語面や文化的な背景が近い地域を限定することで、よりその地域・国に即した結果を得ることが期待できる。

表12-1. LLECE、SACMEQ、PASECの実施年と参加国
(LLECE (n.d.)、SACMEQ (n.d.)、PASEC (n.d.) を基に筆者作成)

	実施年	最近の調査の参加国	対象	
LLECE	1997、2006、2013、2019	アルゼンチン、ブラジル、コロンビア、コスタリカ、キューバ、ドミニカ共和国、エクアドル、グアテマラ、ホンジュラス、メキシコ、ニカラグア、パナマ、ペルー、パラグアイ、エルサルバドル、ウルグアイ	第3学年、第6学年	読解力、数学、科学
SACMEQ	1999、2004、2011、2014	ボツワナ、ケニア、レソト、マラウイ、モーリシャス、モザンビーク、ナミビア、セーシェル、南アフリカ、スワジランド、タンザニア、ウガンダ、ザンビア、モザンビーク	第6学年	読解力、数学
PASEC	2014、2019	ベナン、ブルキナファソ、ブルネイ、カメルーン、コンゴ (COD)、コートジボワール、ガボン、ギニア、マダガスカル、ニジェール、コンゴ (RDC)、セネガル、チャド、トーゴ	第2学年、第5学年	読解力、数学

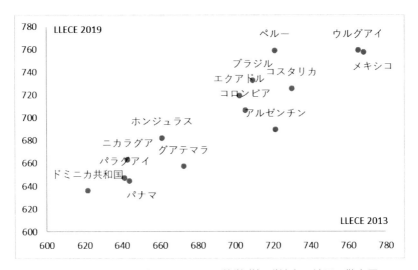

図12-4. LLECE2013とLLECE2019の数学（第6学年）の結果の散布図
(LLECE (n.d.) を基に筆者作成)

第2節　日本国内における学力調査

　他方で、国際比較を意図せず、実態をよりその国の文脈で明らかにする国内の学力調査もある。日本で言えば、全国学力学習状況調査がそれに当たる。また、それだけでなく、都道府県が独自に行う学力調査もある。ここでは、ローカルな学力調査として、日本国内における学力調査に目を向ける

2.1　全国学力学習状況調査

　全国学力学習状況調査は、東日本大震災と新型コロナウイルスCOVID-19 の感染拡大の影響を受けた 2011 年と 2020 年を除き、2007 年から毎年実施されている国内の大規模な学力調査である。その目的は、全国的な児童生徒の学力や学習状況を把握・分析し、教育施策の成果と課題を検証し、その改善を図ること、児童生徒への教育指導の充実や学習状況の改善等に役立てること、教育に関する継続的な検証改善サイクルを確立すること、である。小学校 6 年生と中学校 3 年生が調査対象であり、国語と算数・数学を主とする教科に関する調査と生活習慣や学校環境に関する質問紙調査が行われている。ただし、理科と英語がそれぞれ 2012 年と 2019 年から 3 年ごとに追加して実施されている。また、経年変化を把握・分析する調査が 2013 年、2016 年、2021 年に行われている。

　例として、2021 年の算数・数学の調査結果を図 12-5 に示した。図 12-5 から分かるように、学習指導要領にある内容領域に従って、出題問題は作成されている。調査の結果、算数において、「速さと道のりを基に、時間を求める式に表すことはできているが、速さを求める除法の式と商の意味を理解すること」「帯グラフで表された複数のデータを比較し、示された特徴をもった項目とその割合を記述すること」に課題があるとされる(国立教育政策研究所, 2021)。数学においては、「関数の領域について、日常的な事象を数学的に解釈し、問題解決の方法を数学的に説明すること」「データから中央値を求めることに改善の傾向がみられる一方で、2つの分布の傾向を比べる際の相対度数の必要性と意味の理解」に課題があると報告された (国立教育政策研究所, 2021)。また、質問紙調査によって、過

年度と比べて「将来の夢や目標を持っているか」と「学校に行くのは楽しいと思うか」の質問に「当てはまる」と回答した割合が特に児童で減少していると報告している。

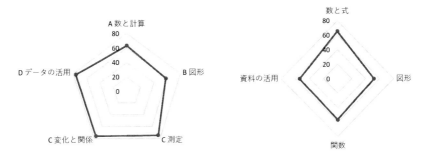

図12-5. 2021年の全国学力学習状況調査の算数・数学の結果
（左：算数、右：数学）（国立教育政策研究所（n.d.）を基に筆者作成）

2.2　都道府県・指定都市独自の学力調査

　全国学力学習状況調査だけでなく、各都道府県・指定都市がそれぞれの実情や課題に合わせて、独自に行っている学力調査がある。2018年度には、47都道府県のうち30の都道府県、20の指定都市のうち16の都市が独自に学力調査を実施している（表12-2参照）。このように、多くの都道府県・指定都市で独自の学力調査が実施されている。

　例えば、2020年度に島根県教育委員会が行った学力調査は、全国学力学習状況調査で明らかになった課題を改善するための指導の取り組みを検証するPDCAサイクルを確立し、指導の改善を効果的に進めること、当年度の指導の状況を客観的に評価し、個別指導を充実することにより、年度内に身に付けるべき力を着実に身に付けられるようにする、と全国学力学習状況調査と区別し、実施している（島根県教育委員会, 2021）。その結果、指導のポイントとして、「数量の関係を多様な図で適切に表す活動や、かかれた図から関係を読み取る活動の充実を図る」「図形の性質、図形の構成の仕方、図形の計量について、図形を構成する要素とその関係、図形間の関係に着目して考察する活動の充実を図る」「児童がやってみたいという思いをもち、考えること、やりきることを楽しみながら学習に取り組め

るよう、児童一人一人の考えを大切にした学習の一層の充実を図る」こと
を示している。

表12-2. 2018年度の都道府県・指定都市の学力調査
（文部科学省（n.d.-a）を基に筆者作成）

自治体	学年	教科	自治体	学年	教科	指定都市	学年	教科
青森県	5	国算理社	島根県	5・6	国算	仙台市	3	国算
岩手県	5	国算理社	岡山県	3～5	国算	さいたま市	4～6	国算理社
秋田県	4～6	国算理社	山口県	4～6	国算理社	千葉市	3・5	国算理社
山形県	5	別枠	徳島県	4・5	国算	川崎市	5	国算
茨城県	3～6	国算理社	香川県	3～6	国算理社	横浜市	1～6	国算理社
栃木県	4・5	国算理	愛媛県	5	国算理社	相模原市	3	国算
埼玉県	4～6	国算	高知県	4・5	国算	浜松市	3・5	国算
東京都	5	国算理社	福岡県	5	国算	名古屋市	4・5	国
石川県	4～6	国算社	佐賀県	4～6	国算理社	京都市	3～6	国算理社
福井県	5	国算理社	長崎県	5	国算	大阪市	3～6	国算理社
山梨県	3・5	国算	熊本県	3～6	国算	堺市	3～6	国算
三重県	4・5	国算理	大分県	5	国算理	神戸市	4・5	国算理社
滋賀県	4～6	国算	宮崎県	4・5	国算	岡山市	4・5	国算理社
京都府	4	国算	鹿児島県	5	国算社	北九州市	4・5	国算理
和歌山県	4・5	国算	沖縄県	3～6	国算理	福岡市	4・5	国算
						熊本市	3～6	国算理社

第3節　国際比較を意図する調査の限界と日本国内の調査の課題について

　グローバルな調査として、PISA、TIMSS、PIAAC、TALIS、PISA-D、
LLECE、SACMEQ、PASEC を取り上げた。これらは、国際比較を意図して

いる。国際比較可能性を実現するためには、参加国の多様性を加味した調査の妥当性と信頼性を担保する必要がある。例えば、文化、言語、教育制度などを検討し、問題の作成、問題文の翻訳、標本抽出、採点のトレーニング、データ入力の方法が検討され、調査の質がコントロールされている（国立教育政策研究所, 2019, pp.47-50）。これらの実施基準を満たさない場合には、国際比較分析から除外されるなどの措置が取られる。実際、PISA2003 のイギリスや PISA2006 のアメリカの調査は実施基準を満たしていないと判断され、国際比較の分析結果から除外されている。このように、グローバルに国際比較を行うために、ある特定の国や文脈に特化した調査ではなく、ある意味で抽象度の高い調査であることを認識し、調査結果を読み解く必要がある（松下, 2014）。

　他方で、ローカルな調査の例として、全国学力学習状況調査をみると、その目的として、教育施策の成果と課題を検証および教育に関する継続的な検証改善サイクルの確立が示されている。これらを達成するためには、経年変化を明確にする必要がある。しかし、全国学力学習状況調査の出題問題は全て公開されるため、調査間の共通尺度の設定が困難であり、経年変化を捉える調査設計になっていないという課題がある（裵岩ら, 2019, p.34；川口, 2020）。これを補うために、経年変化分析調査が 2013 年から 3 回実施されたが、COVID-19 の感染拡大に伴う社会変化もあり、経年変化を捉える取り組みは、今後益々重要となると考えられる。現在、全国学力学習状況調査の CBT（Computer Based Testing：CBT）化の議論も進んでおり（文部科学省, n.d.-b）、経年変化を捉える調査に発展するものと思われる。

　また現在、全国学力学習状況調査で収集されたデータは、誰でもが入手できるわけではない。以前は、文部科学省や国立教育政策研究所の委託研究で活用されてきたが、大学等の研究者による学術研究や公的機関の職員等による教育施策の改善・充実を意図して、2017 年にガイドラインが策定された（文部科学省, n.d.-c）。有識者による審査を得て、児童生徒ごとまたは学校ごとの個票データを一定期間貸与できるようになった。このように、データを活用できる環境も整いつつあり、全国学力学習状況調査の

データを用いた日本の実態を詳細に把握・分析する取り組みへの期待が高まるものと思われる。

　PISA、TIMSS、PIAAC、LLECE、SACMEQ といった国際的な学力調査のデータは、それぞれの実施機関のウェブサイトで公開されており、誰でも入手できる。実際、それらのデータを活用した研究もみられる (e.g., 御園・赤堀, 2008；鈴川・豊田・川端, 2008；渡邊, 2020)。なおこれらの調査は、共通問題が設けられ、項目反応理論（例えば、加藤・山田・川端, 2014；豊田、2012 が詳しい）を用いて、経年変化を捉える調査設計となっている。しかし、これらの調査は国際比較を意図しており、各国の文脈にある程度合うような調査枠組みによる結果を与えるが、その国固有の教育課題や施策の効果を明らかにするものとは限らない。全国学力学習状況調査などの学力調査は、日本の文脈に特化した学力調査であり、グローバルな調査からは浮かび上がらない情報を抽出できる。しかし出題問題が全て公開されるなど、調査の目的を達成するための調査設計であると必ずしもいえないという課題がある。また、データを二次活用する環境の整備もまだまだこれからという状況と思われる。

　現在、グローバルな学力調査の PISA や TIMSS に参加する国・地域は増加傾向にあり、PIAAC や TALIS のように子どもだけでなく、成人や教員に対する調査もグローバルに実施される時代となった。他方で、全国学力学習状況調査のような国内のローカルな学力調査を行う国も多い。これは、グローバルな視点から自国の教育の実態を探る取り組みの現れと捉えることができる。とはいえ、それらの調査はグローバルに国際比較をするものなのか、ローカルに自国・地域の実態を明らかにするのかと意図が異なり、調査結果を直接比較することは非常に困難である。しかし PISA や TIMSS などは、各回の調査結果を直接比較できるような調査設計となっている。そのため、経年変化を明らかにでき、収集されたデータも一般に公開されている。このように、データを二次利用する基盤も整っており、グローバルな調査のデータを活用して、日本の教育の実態に関する研究もみられる。また近年では、データ分析に必要となるテスト理論の和書も増えてきた。

他方で、ローカルに日本の全国学力学習状況調査をみると、経年変化を捉えられる調査設計に必ずしもなっておらず、データの二次利用もまだまだ容易ではない（2022年3月現在）。つまり、グローカルに自国の教育の実態を探るために、ローカルに特化した学力調査は、グローバルな調査と比べて、十分に活用の域が広がっていないのが現状である。逆に言えば、ローカルにおいて、自国の教育の実態をより浮かび上がらす資源が眠っているともいえる。

　TIMSSは1995年、PISAは2000年、全国学力学習状況調査も2011年からから始まった。特に全国学力学習状況調査は、始まってまだ10年ほどである。グローカルに教育の実態を明らかにする上で、ローカルな文脈での取り組みはグローバルよりもまだまだ手付かずといえ、多くの可能性を秘めていると考えたい。最後に算数・数学は、グローカルに多くの学力調査において、調査対象となる主な教科の一つである。学力調査は数学教育研究と密接な関係を持ち得るものであり、収集されたデータは数学教育研究の裾野を広げる上で有益な資源になり得る。特に、ローカルにおいてデータ資源を活用できる基盤が整えられ、データ資源を有効活用した多様な数学教育研究がみられることを今後期待したい。

学習課題

1. PISA、TIMSSや全国学力学習状況調査の結果を基に、日本の子どもの学力の実態を整理してみましょう。
2. PISA、TIMSSや全国学力学習状況調査の結果を踏まえて、日本の子どもの算数・数学学力の向上に必要なことを様々に考察してみましょう。

引用・参考文献

加藤健太郎・山田剛史・川端一光（2014）『Rによる項目反応理論』オーム社.
川口俊明（2020）『全国学力テストはなぜ失敗したのか―学力調査を科学する―』岩波書店.
国立教育政策研究所（2019）『生きるための知識と技能7 OECD生徒の学習到達度調査（PISA）―2018年調査国際結果報告書―』明石書店.
国立教育政策研究所（2021）『TIMSS2019 算数・数学教育／理科教育の国際比較―国際

　　数学・理科教育動向調査の 2019 年調査報告書—』明石書店.

国立教育政策研究所（n.d.）令和 3 年度全国学力・学習状況調査報告書・調査結果資料
　　https://www.nier.go.jp/21chousakekkahoukoku/（accessed on 28 December 2021）.

島根県教育委員会（2021）『令和 2 年度島根県学力調査結果概要』島根県教育委員会.

鈴川由美・豊田秀樹・川端一光（2008）「わが国の数学教育は数学を日常の中で活用す
　　る能力を重視しているか—PISA2003 年調査の DIF による分析—」『教育心理学研究』
　　56（2）：206-217.

豊田秀樹（2012）『項目反応理論入門編（第 2 版）』朝倉書店.

裵岩明・篠原真子・篠原康正（2019）『PISA 調査の解剖 能力評価・調査のモデル』東信堂.

松下佳代（2014）「PISA リテラシーを飼いならす—グルーバルな機能的リテラシーとナ
　　ショナルな教育内容—」『教育学研究』2：150-163.

御園真史・赤堀侃司（2008）「TIMSS 2003 における数学の授業と生徒の態度・得点の
　　関係の国際比較」『科学教育研究』32（3）：186-195.

文部科学省（n.d.-a）平成 30 年度 都道府県・指定都市が実施する独自の学力調査
　　https://www.mext.go.jp/a_menu/shotou/gakuryoku-chousa/sonota/detail/1406389.
　　htm（accessed on 28 December 2021）.

文部科学省（n.d.-b）全国的な学力調査の CBT 化検討ワーキンググループ　最終まとめ
　　（令和 3 年 7 月 16 日全国的な学力調査に関する専門家会議全国的な学力調査の CBT
　　化検討ワーキンググループ）https://www.mext.go.jp/a_menu/ shotou/gakuryoku-
　　chousa/1421443_00004.htm（accessed on 28 December 2021）.

文部科学省（n.d.-c）個票データ等の貸与 https://www.mext.go.jp/a_menu/shotou/
　　gakuryoku-chousa/sonota/1386492.htm（accessed on 28 December 2021）.

渡邊耕二（2020）「日本の生徒が持つ PISA 数学的リテラシーの特徴の変化に関する研
　　究—「不確実性とデータ」領域に注目した PISA2003 と PISA2012 および PISA2015
　　の分析から—」『数学教育学研究』26（1）：1-12.

LLECE (n.d.) "LLECE", https://llceunesco.org/ (accessed on 28 December 2021).

OECD (2020) *PISA for Development: Out-of-school-assessment Results in Focus*, Paris,
　　OECD.

PASEC (2020) "PASEC", http://www.pasec.confemen.org/ (accessed on 28 December
　　2021).

SACMEQ (n.d.) "SACMEQ", http://www.sacmeq.org/ (accessed on 28 December 2021).

UNESCO (2015) *EFA Global Monitoring Report 2015 Education for All 2000-2015:
　　Achievements and Challenges*, Paris, UNESCO.

さらに知識を深めたい読者のための参考文献

日本テスト学会（2010）『見直そう、テストを支える基本の技術と教育』金子書房.

光永悠彦（2019）『テストは何を測るのか—項目反応理論の考え方—』ナカニシヤ出版.

終 章

新時代の算数数学教育に向けて

　算数数学教育の新しい局面について「グローカル」という言葉に注目して、13 名が本書を執筆した。執筆者には様々な背景があるが、全員が国境を超えた数学教育活動を行った経験をもち、現在も海外の国々や地域に、何らかのつながりを持っている。また同時に、各々日本全国の様々な地域で数学教育研究に取り組んでいる。

　なぜ今回、そのような面々が、国内の「算数・数学教育のグローカル」をキーワードにして、執筆することになったのか。その理由は上記の経験と現在の社会が持つ課題意識が背景にあるからだと考えられる。海外での様々な経験に合わせて、グローバル化の影響を受ける今日の日本各地で感じている事柄との混合物が、この本の執筆の原動力となった。海外と日本の課題が近接してきた、という気持ちがそれぞれの執筆者の心の内にあったのかもしれない。

　終章として、本書における成果と課題は何だったのかを、次の研究につなげるために検討して、本書をまとめたい。

1．数学教育が持つグローカル性

　グローカルという共通のキーワードから本書の執筆はスタートしたが、その結果、各執筆者が想起したテーマは多様であった。民族数学やローカルカリキュラム、外国籍児童に国際バカロレア、さらには、統計教育にICT、教員研究に国際調査と多岐にわたる。

　執筆前のグローカルという用語に対して、執筆者それぞれが様々なモチベーションを持っていた。例えば、第 1 章を執筆した馬場は修士課程で研究を開始して以来、民族数学に関心を持ち続けてきた。そしてグローカルは、まさにこれまでの研究が昇華するキーワードとなり得るものであった。

第 4、6 章を担当した中和は、数年前から外国につながる児童生徒の数学学習に関心があり、小学校で授業を観察していた経験がある。その中で言語が数学教育に本質的な影響を与えることを課題と感じ、本書の執筆を、これまでに考えていたことをまとめる良い機会だと捉えた。同時に、日本語を母語とする生徒が、英語で数学を学ぶ公立校での国際バカロレア実践と対比することで、数学と言語の関連性に注目するに至った。第 7 章を担当した福田の専門は統計教育である。数年前に統計のワークショップに参加した際に、岐阜県の統計教育の事例を知った。その事例から、それ自体がグローバルな統計を岐阜というローカルな場所で行っていることが、グローカルという言葉と結びつき、執筆に結実した。

　このようにグローカルという言葉は、研究者のこれまでの経験や興味を触発し、研究をさらに一歩高みへと押し上げる推進力を持つ。一方で、なぜ、数学教育においてこのような多様なテーマを見いだせるのだろうか。研究者のこれまでの経験に基づいていることは言うまでもないが、「数学教育」だからこそ、これだけの広がりを持たせうるという側面があるだろう。数学教育における対象の一つである「数学」はユニバーサルであると言われる。その一方、世界中どの国や地域にもその文化に根ざした民族数学がある。数学は本来的にグローバル性とローカル性を具備しているからこそ、その両者を内包する数学教育は、グローカルな営みの可能性を潜在的に有する。だからこそ、本書ではこの多様なテーマを引き出し得た。

2．本書における成果

　グローカルという概念は数学教育において本質的なものであると同時に、多義的である。グローカルという概念は、何をグローバルとし、何をローカルとみなすかで、異なる様相を呈す。しかし、常にその中心の概念に数学を据えることで、私たちは共通認識のもと、議論をすすめることができる。その結果、教材を取り上げた第 1 部では、グローカルをグローバルとローカルの「関係性」に、子どもに目を向ける第 2 部では「多様性」に、教育環境を取り上げる第 3 部では「連結性」に、そして政策を扱う第 4 部では「共通性」において論じてきた。ここでは本書における成果について

示したい。

　第1部ではグローカルを、ローカルとグローバルの「共通性」よりもむしろ「関係性」と捉えた。言い換えると、ローカルとグローバルがどのように関係しているかを明らかにしながら、グローカルを捉えようとした。例えば、第2章（神原）では日本の和算を取り上げ、数学教育の「教材」について扱った。教材例や生徒の学習事例を示すことができたことや、教材の持つ価値をグローバルな視点とローカルな視点の両側面で取り上げることができたことは成果と言える。この関係性をカリキュラムとして具現化しようとしているのが、ローカルカリキュラムの取り組みである。第3章（日下）ではモザンビークのローカルカリキュラムを取り上げて、普遍性の強い算数教材において、ローカル性を持つ教材を見つけることの難しさを論じている。そういう意味で、本書で強調した関連性にフォーカスを当てている。

　第2部ではグローカルを「子どもたちの多様性と教室実践の多様性」としたが、その多様性を捉えきれてはいないことが課題として残った。数学の現象や課題の記述にたどり着くために、制度、文脈に関する基礎的・一般的な説明が必要であった。合わせて、外国につながる児童生徒と、日本語を母語とする児童生徒が授業においてどのように学習しているのかを描きたかったが、本書では達成できていない。一方で授業や児童生徒の周辺の状況を検討している際に今後の課題を見出すことができたことが、第2部の研究成果だろう。今まで数学教育研究においてその点にチャレンジしたものがないと、執筆者たちはとらえている。今後は豊かで多様な事例を取り上げたり、それらを整理して議論したりすることが必要である。逆説的だが、日本国内の数学教育研究において、言語が中心的なテーマになり得ることを示した、ということで成果になり得るのかもしれない。

　第3部では、ICTをグローバル化の影響と捉えた。この部では、「連結性」という「何かと何かをつなぐ」という意味で、ICTを捉えていた。例えば、誰かが取得したデータを瞬時に誰にでも共有できる、また海外諸国と日本を瞬時に繋がる、という異空間を超えて「つながる（繋がりの即時性）」という役割がICTにはあることを見出した。さらに、本部のテーマである学

習環境を、地域の統計、教師の葛藤、学びの個別化、国際協力と結びつけることで包括的に議論を進めていった。

　第7章（福田）ではICTを生徒が使うという意味でのローカル性、第9章（内田）では個別生徒に対応するというローカル性、第8章（木根）、第10章（高阪）では国が異なっていても、教師がニーズに合わせてICTを活用しようとするローカル性、というように、各文脈における多様なローカル性が浮かび上がってきた。このことが成果の一つとして示せる。一方で、第2部と同様、課題も見えてきた。グローバル化の影響を受けたローカルにおいて、どのようにICTを活用するのか、という葛藤が生まれていた。例えば、第8章では教師の葛藤が描かれている。他にも、AIソフト、アプリ等を児童生徒がどのように扱うのか、教員研修でどのように使っていくか（いかないか）かという葛藤もある。

　第4部では、教育政策を議論するにあたり、グローバルとローカルを「共通性」という概念で結びつけた。国際社会で求めるグローバルに対して、地域が求めるローカルは世界中、あらゆる場所で異なる。したがって、グローカルという共通性（結びつき）も文脈ごとに異なってくる。日本からみた世界標準的なものは、他地域から見たら、変わるだろう。だからこそ、日本における数学教育的な課題が浮かび上がるのかもしれない。第11章（服部）では教育政策を学習指導要領、あるいはポリシーという捉え方をし、児童生徒に身につけさせたい力を検討した。現代で求められる数学の能力が以前よりも広がりを見せていることは周知の通りである。学制開始の当時、3Rs（読み書き計算）に始まり、学問数学が数学教育の基盤となり、論理的で体系化された抽象的な概念が数学教育の中核となっていった。それ以降、数学教育は日本国内だけでも、様々な発展や広がりを見せている。現行の中学校数学科における学習指導要領では、日常の生活から数学的な事象を捉える数学化サイクルが強調されている（たとえば、文部科学省, 2018）。この視点からも、冒頭で述べたように数学教育をグローバルとローカルに捉えられる。第12章（渡邊）は理念学力が実際にどれだけ身についたのかという意味合いで第11章の課題を引き継いだものとして捉えられる。いくつかの到達度調査を検討することを通し、生徒の力を育む

ためにローカルで様々取り組んでいるものの、ローカルで出てきた課題を活かしきれていないという点を明らかにした。今後、ローカルにおける課題をグローバルで議論していくためにはどのようにしていくのが望ましいのか、検討する必要がある。

　これらのことをまとめれば、各部でそれぞれグローカルについて検討し、それを明確化する作業をおこなってきた。本書の執筆編集に並行して1990年辺りからグローバルがどのように議論されてきたのか、を追った。第9章（木根）におけるグローバル化は一様化か、あるいは多様化するか、という議論である。本書では、グローバル化によって世界に多様性が広がるという視点で各章を執筆していった。その現象を総じて「グローカル」と呼んだ。世界が連結し、繋がり、その中で不可避的に多様性が生まれる。例えば、第2部の第4章（中和・安川）や第5章（新井）でみたような、多様性がある。しかし、その多様性は一様なのだろうか？私たち日本人が感じる多様性と、例えば、アメリカ人やロシア人が持つ多様性は同じなのか？多様性はいかようにも解釈でき得るのだろうか。そのような状況下においては、数学の持つ、普遍的な見方・考え方が重要となる。数学は様々なモノ・コトにかかわる多くの性質を捨象することで、抽象性を導く。それが上の議論にも繋がり、これからの社会を考える上でも必要な議論になってくる。

3．今後に向けたグローカルが掬い上げる課題と見通し

　序章の課題に立ち戻ると、グローバルとローカルを結びつけるために、教育の要素間の関係性、グローバルとローカルの関係性、グローカルでの相補的な関連性といった種々の関連性の間にグローカルを見出すことが我々の課題意識であった。2で成果について述べる中で、この関連性において、課題や今後考えていくべき問題も指摘された。それらは次の4点に集約できる。

　第一に、日本国内における都市部・地方などの各地域における多様性を多くの事例から、より詳細に描き出すことである。第二に、各所・各視角から顕在化した多様性が、時間とともにどのように変化していき、グロー

バルとローカルの関係性に影響を与えうるのか、ということについて検証していくことである。第三に、多様で混沌とした状況において解決策や実践知を集約していくことである。特に、多様な児童生徒が同一の教室で学ぶこと、このことについての現状把握だけではなく、より良い学習指導のための方策を考えることは数学教育研究における公正性に関する、主要課題の一つになるだろう。第四に、言語的・社会的側面をより考慮することにより、数学教育の学際的な裾野をより広げていくことである。

これらの課題を検討するとともに、次の3点の可能性についても前向きに検討したい。第一に、ローカルカリキュラムの事例のように、教科の枠を越えて実施されうる、多様性を踏まえた教材化やカリキュラム化、第二に、公正性が求められる日本社会における多様性に対応する実践者と研究者との協働の可能性、第三に、ICTなどを活かし児童生徒の多様性を発揮させる場としての数学教育を構築する可能性が挙げられる。

「グローカル」という視角は、我々が相対する現象から課題を引き出し、それらの課題に対する将来の取り組みや研究のベクトルを提案する推進力を持っている。本書で描き出してきた事柄は数学教育において「今まで取り上げられることのなかった課題」の多様さを表し、言い換えればグローカルという言葉が想起させる可能性そのものを表す。新たな課題が見えてきたからこそ、それらの課題を体系化し、教育実践への方向性を示すことのできる研究・実践を積み上げていかなければならない。

本書が新しい算数・数学教育の研究に対する新しい扉を開くことを願ってやまない。

引用・参考文献

文部科学省（2018）『中学校学習指導要領解説 数学編』日本文教出版.
渡邉雅子（2014）「国際バカロレアにみるグローバル時代の教育内容と社会化」
　　『教育学研究』81（2）：176-186 https://doi.org/10.11555/kyoiku.81.2_176
馬場卓也・服部裕一郎・日下智志・新井美津江（2021）「第11章 算数教育のグローカル性」
　　『新しい算数教育の理論と実践』（溝口達也編）（pp. 231-247）ミネルヴァ書房.

索　引

編著者・執筆者紹介

【編著者】

馬場　卓也　　序章・第1章
　　（広島大学大学院人間社会科学研究科　教授）

内田　豊海　　第9章・終章
　　（鹿児島女子短期大学児童教育学科　准教授）

中和　　渚　　第4章・第6章・終章
　　（関東学院大学建築・環境学部共通科目　准教授）

福田　博人　　第7章
　　（岡山理科大学教育推進機構教職支援センター　講師）

服部裕一郎　　第11章
　　（岡山大学学術研究院教育学域　准教授）

【執筆者】(50音順)

新井美津江　　第5章
　　（立正大学社会福祉学部　准教授）

神原　一之　　第2章
　　（武庫川女子大学教育学部教育学科　教授）

木根　主税　　第8章
　　（宮崎大学大学院教育学研究科　准教授）

木村　光宏　　第6章
　　（岡山理科大学グローバルセンター IB 教員養成プログラム　講師）

日下　智志　　第3章
　　（鳴門教育大学大学院学校教育研究科グローバル教育コース　講師）

高阪　将人　　第10章
　　（福井大学学術研究院教育・人文社会系部門教員養成領域　准教授）

安川奈々恵　　第4章
　　（アイ・シー・ネット株式会社）

渡邊　耕二　　第12章
　　（宮崎国際大学教育学部　教授）

グローカルな社会・時代における算数数学教育

2022年12月18日　初版発行

編　著　馬場　卓也

　　　　内田　豊海

　　　　中和　　渚

　　　　福田　博人

　　　　服部裕一郎

発行所　学術研究出版

　　　〒670-0933　兵庫県姫路市平野町62

　　　［販売］Tel. 079(280)2727　Fax. 079(244)1482

　　　［制作］Tel. 079(222)5372

　　　https://arpub.jp

印刷所　小野高速印刷株式会社

©Takuya BABA, Toyomi UCHIDA,

Nagisa NAKAWA, Hiroto FUKUDA,

Yuichiro HATTORI 2022,

Printed in Japan

ISBN978-4-910733-65-4